Michael Tosch

Besprechungen moderieren

Neuland

Verlag für lebendiges Lernen

Künzell

Die Deutsche Bibliothek – CIP-Einheitsaufnahme

Michael Tosch:
Besprechungen moderieren / Michael Tosch. – 2. Aufl.,
Künzell : Neuland, Verl. für lebendiges Lernen, 1999
ISBN 3-931403-08-4

Das Werk einschließlich aller seiner Teile ist urheberrechtlich
geschützt. Jede Verwertung ist ohne Zustimmung des Verlags
unzulässig. Das gilt insbesondere für Vervielfältigungen, Übersetzun-
gen, Mikroverfilmungen und die Einspeicherung und Verarbeitung
in elektronischen Systemen.
Copyright © 1999 Neuland Verlag für lebendiges Lernen, Künzell
Textliche Redaktion: Oliver Steeger
Ausstattung: Hans D. Bittner/Neulands Offizin für kreatives Marketing
Satz: Simone Höhl
Druck: Fuldaer Verlagsanstalt
Printed in Germany

Inhaltsverzeichnis

1. Besprechung: Morgens,
   9.30 Uhr im Konferenzzimmer   *1 – 12*

2. Was wir alles Besprechung nennen...   *13 – 19*

   Erste Zwischenbilanz   *20 – 21*

3. Besprechungen moderieren:
   „Welche Themen liegen an?"   *23 – 35*

4. Ideen „à la carte"   *37 – 47*

5. Aus Ideen Maßnahmen destillieren   *49 – 56*

6. Wer macht was – und bis wann?"   *57 – 63*

   Zweite Zwischenbilanz   *64*

7. Wenn es blitzt und donnert –
   Konflikte meistern   *65 – 68*

8. ...gegen landläufige Besprechungsfehler
   gefeit?   *69 – 72*

9. Rollenspiel – Sie als Moderator   *73 – 76*

10. Startphase: Bereiten Sie Ihre
    moderierte Besprechung vor   *77 – 82*

Stichwortverzeichnis   *83*

1. Besprechung: Morgens, 9.30 Uhr im Konferenzzimmer

Kurz nach halb zehn Uhr im Konferenzzimmer 6A eines
Wiesbadener Unternehmens. Kaffeetassen klappern,
Papier raschelt. Die ersten Besprechungsteilnehmer blät-
tern in ihren Akten. Ein kleines Grüppchen spricht mit
gedämpften Stimmen. Nachzügler treffen ein, blicken
sich kurz um und setzen sich. Am besten in die letzte
Stuhlreihe, möglichst weit weg vom Besprechungsleiter.

Die Türe wird geschlossen. Hörbar und energisch. Wie
ein Signal! Mit „kleinem Gefolge" (einer jungen Assisten-
tin an der Seite) platzt der Marketingleiter ins Zimmer. Er
setzt sich. Spart sich den Gruß. „Was ich mit Ihnen zu
besprechen habe..." Und beginnt zu reden. Vierzig Minuten lang.
Wer redet, beobachtet selten mit ganzer Konzentration
seine Zuhörer. Und bemerkt nicht, daß nach zehn Minuten die ersten Zuhörer gedankenverloren aus dem Fenster sehen, sich vielleicht ein Rendezvous mit der Assi-
stentin ausmalen oder über die Arbeit nachdenken, die
sich unerledigt auf ihrem Schreibtisch stapelt.

Der „Chef" redet, alle anderen schweigen – dieses Bild
haben viele Menschen vor Augen, wenn sie an Besprechungen denken. Die Besprechung steht derzeit in keinem guten Licht: „Thronsaal" für die Selbstdarstellung
einiger weniger, „Schlachtfeld" für den Grabenkrieg ver-
feindeter Abteilungen, „Kindergarten" für das Gezänk um

Nichtigkeiten. Mitunter scheint es, an keinem anderen Ort in einem Unternehmen wird so viel geredet und so wenig erreicht wie in Konferenzzimmern – einmal abgesehen von der Kantine.

Viele Mitarbeiter wissen genau, weshalb sie Besprechungen am liebsten meiden: Schlecht geführte Besprechungen rauben wertvolle Arbeitszeit und gelegentlich Nerven – und kosten die Firma wöchentlich und täglich viel Geld. Trotzdem ziehen landauf, landab allmorgendlich Sachbearbeiter, Projektleiter, Filialleiter, Arbeitsteams und Manager wie die Lemminge in die Besprechungsräume. Den Meetings grundlos fernbleiben – ausgeschlossen! Und doch nutzen einige jedes sich bietende Schlupfloch, um den lästigen Besprechungen zu entkommen.

Indes, fragen Sie in einem Unternehmen nach, ob es ohne Besprechung geht! Ob man diese lästigen Zusammenkünfte nicht streichen sollte? Ersatzlos, um die gewonnene Zeit anderweitig zu verwenden? – Nein! Besprechungen müssen sein, und sie müssen tatsächlich sein. Niemand würde darauf verzichten wollen. Ohne Informationsfluß kann ein Unternehmen nicht funktionieren. Der Hauptumschlagplatz für Informationen sind nun einmal Besprechungen, Sitzungen, Meetings oder Konferenzen. Auch dies wissen viele Mitarbeiter genau: Sie benötigen Besprechungen. Und zwar Besprechungen, die am Ende handfeste Ergebnisse erbracht haben. Die sich lohnen. In denen Mitarbeiter zu Worte kommen und Fakten äußern oder Fragen stellen können, die ihnen unter den Nägeln brennen. Die Bereitschaft wäre groß, Besprechungen zu besuchen. Würden sie nur zum Erfolg führen. Könnten Mitarbeiter mitreden, würde in den Konferenzzimmern etwas bewegt.

<u>Bestandsaufnahme Nummer eins:</u> Besprechungen sind wichtig. Wenn Unternehmen komplexe Aufgaben und Herausforderungen bewältigen wollen, müssen Informationen fließen. Trotz aller Kommunikationstechnik, trotz Internet oder Fax – persönliche Meetings bieten eine nicht zu verachtende Chance, alle an einem Projekt beteiligten Mitarbeiter zu informieren, gemeinsam Probleme zu beraten, Ideen zu suchen und Maßnahmen abzustimmen. Am „runden Tisch" führt kein Weg vorbei.

<u>Bestandsaufnahme Nummer zwei:</u> An kaum einem anderen Ort wird so unproduktiv gearbeitet wie in Besprechungszimmern.

<u>Erstens:</u> Man hat festgestellt, daß Besprechungsteilnehmer annähernd achtzig Prozent der Zeit damit verbringen, darüber nachzudenken, weshalb Maßnahmen (die gerade ein Kollege vorgeschlagen hat) sich nicht umsetzen lassen. Argumente werden mit einem „Das ist doch Unsinn!" oder „Das hilft uns doch nicht weiter!" vom Tisch gefegt. Nur in einer von fünf Besprechungsstunden bemühen sich die Teilnehmer, handfeste Ergebnisse zu erzielen. Der Rest der Zeit wird verschenkt. Allein dieser Mangel an „Ergebnisorientierung" kostet Unsummen von Zeit und Geld.

<u>Zweitens:</u> Die Kooperation während einer Besprechung läßt zu wünschen übrig. Um nicht zu sagen: Ist bestürzend schlecht. Wie verfeindete Polit-Fraktionen hocken unterschiedliche Grüppchen und Cliquen am Tisch, blockieren sich gegenseitig und kommen über ihr „Erbhof-Denken" nicht hinaus. Ergebnisse kommen in einem solchen Klima selten zustande. Viele gute Ideen kommen

erst gar nicht ins Gespräch, weil sie zu früh verworfen und im Keim erstickt werden. Die landläufige Kritik richtet sich auch gegen die Profilierungssucht einzelner Teilnehmer. Gegen Fachleute, die über alle Köpfe hinweg dozieren. Gegen machtbesessene Führungskräfte oder streitsüchtige Mitarbeiter. Eine leidgeprüfte Teilnehmerin: „Die Konferenzzimmer sind der einzige Ort in unserem Unternehmen, wo man sich ohne Scham wie im Affenkäfig benehmen darf."

Drittens: Bei ineffizient geführten Besprechungen schlagen neben der (verschenkten) Besprechungszeit auch Nebenkosten zu Buche. Denn was auf Besprechungen nicht geklärt wurde, müssen Teilnehmer hinterher über Umwege nachbereiten. Wie gesagt, umständlich und über Umwege: Statt daß die Gruppe beispielsweise einen Arbeitsplan oder ein Problem gründlich auf einer Besprechung klärt, bricht nach der Besprechung blind-hektische Betriebsamkeit aus. Arbeiten werden doppelt erledigt, komplizierte Rücksprachen über drei Ecken genommen. Manche Arbeiten bleiben liegen und behindern das Projekt. Keiner weiß, was der andere tut. Das kostet nicht nur Zeit und Geld. Es raubt Motivation, Begeisterung und Freude an der Arbeit.

Viertens: „Kaum auszudenken, wenn unser Unternehmen beispielsweise eine Produkteinführung so planen würde wie eine Besprechung", seufzt ein Teilnehmer. Chaos herrscht. Häufig genug kennen die Besprechungsteilnehmer nicht einmal das Ziel des Meetings und die Tagesordnung. Bereits am Anfang einer Diskussion verlieren die Teilnehmer den roten Faden und wissen nicht mehr, wo die Diskussion eigentlich steht und wohin sie führen soll. Niemand hält einzelne Diskussionsbeiträge fest, damit alle Teilnehmer die Beiträge mit einem Blick erfassen und sich orientieren können. Und niemand notiert die Beschlüsse so, daß man sie hinterher nachvollziehen und für ein Protokoll aufbereiten kann.

Besprechungs-Notstand: Viele Menschen quer durch alle Hierarchieebenen wollen sich nicht mehr mit dieser ineffizienten Kommunikation abfinden. Der Druck wächst. Sie müssen mit ihrer Zeit haushalten, ihre Arbeit sinnvoll managen und ihre Kraft einteilen. Zugleich erfordert ihre Tätigkeit, daß sie sich mit Kollegen abstimmen, aktuelle Informationen einholen, Probleme diskutieren und gemeinsam Lösungen finden. Ohne Besprechungen, scheint es, geht es nicht. Und mit Besprechungen, wie die meisten sie täglich erleben, scheint es noch viel weniger zu gehen.

Es gibt genug Untersuchungen darüber, weshalb Besprechungen nicht oder nur schlecht funktionieren. Selbst renommierte Wirtschaftsmagazine und Fachblätter legen alljährlich Umfragen, Erklärungsmodelle und Lösungsvorschläge vor. Doch wo liegt der Wert? Weshalb, bitteschön, scheitern eigentlich Besprechungen, wenn sie anerkanntermaßen ein so wichtiger Marktplatz für Informationen sind? Weshalb mißlingt es Arbeitsgruppen, Projektteams, Abteilungen und Vorständen, auf einer Besprechung zu handfesten Ergebnissen zu kommen und danach ihre Beschlüsse umzusetzen?

Den Hauptgrund gibt es nicht. Ein ganzes Bündel von Ursachen spielt eine Rolle, wenn Besprechungen verunglücken. Beim näheren Hinsehen haben alle Ursachen und Besprechungsfehler eines gemeinsam: In ineffizient geführten Besprechungen können sachliche Informationen nicht fließen. Der eine Teilnehmer hält seine Meinung zurück. Ein anderer verschweigt wichtige Fakten, wieder ein anderer stellt sich innerlich „stur" gegenüber verordneten Maßnahmen oder wagt keine Fragen zu stellen, Vorschläge zu machen und Ideen kund zu tun. Auf Besprechungen wird nicht zu wenig geredet (meistens sogar zuviel). Es wird zu wenig Gehaltvolles gesagt, aufgegriffen, diskutiert und gemeinsam entschieden.

Die Folge: Die Mitarbeiter arbeiten aneinander vorbei. Sie machen Wichtiges (Fakten, von denen alle wissen sollten) in kleinen Cliquen aus. Ein beschlossener Maßnahmenkatalog bleibt liegen, weil nicht alle hinter den Beschlüssen stehen. Ineffizient geführte Besprechungen wirken sich auf die Produktivität eines Unternehmens aus. Zeit, Geld und Ressourcen werden nicht nur während des Meetings verschwendet, sondern auch nach der Besprechung.

Es macht keinen Sinn, einen „Schuldigen" für mißlungene Besprechungen auszuspähen. Das hieße, den schwarzen Peter reihum weiterzugeben – an den autoritären Vorgesetzten, an die undisziplinierten Mitarbeiter, an den quertreibenden Kollegen X oder an die leger geleitete Abteilung Y und von dort wieder an den Vorgesetzten.
Das Phänomen „mißlungene Besprechung" ist heute ausreichend erforscht. Mitunter braucht man dafür keine Untersuchungen. Es reicht aus, die Beteiligten danach zu fragen, was sie an Besprechungen am meisten stört. Wenn Sie an Ihrer Besprechungskultur ernsthaft etwas

ändern wollen, können Sie aus typischen Besprechungsfehlern bereits einiges lernen. Sie werden sehen, daß
viele Meetings nicht an ihren Themen oder an ihrer
Tagesordnung scheitern, sondern an mangelnder Organisation, an persönlichen Problemen der Teilnehmer oder
am Management.

<u>„Grabenkriege" in der Besprechungsrunde:</u> Auf der Ver-
käuferbesprechung eines Hamburger Grossisten für Dro-
geriebedarf blitzt es. Statt die Strategie für das nächste
Quartal zu beschließen, hagelt es seit einer halben Stunde Vorwürfe, perfide Ironien und Schuldzuweisungen.
Wenn Teilnehmer sich persönlich angreifen und überzo-
gene Argumente („Die ganze Abteilung pennt doch!") ins
Gespräch kommen – dann kann sich nach dem Meeting
nichts bewegen. Kontrovers geführte Diskussionen
mögen fruchten, nicht aber unsachliches Gezanke.
Gewiß, jedem Menschen kann einmal der Kragen plat-
zen. Doch gehört der Schlagabtausch zur Tagesordnung
jeder Besprechung, maskiert der aggressive Ton häufig
Unsicherheiten und Ängste der Teilnehmer. Gerade in
Unternehmen, in denen permanent „Jagd auf den Schuldigen" gemacht wird, herrschen Emotionalität und
Unsachlichkeit auf Besprechungen vor.

<u>Das „Ach-da-fällt-mir-noch-was-ein"-Syndrom:</u> Man
kommt vom „Hölzchen auf's Stöckchen". Jeder hat zu
allem möglichen etwas zu sagen, nur nicht zum Thema.
Schnell verliert sich die Diskussion in Details, in
Nebensächlichkeiten, in Banalitäten. Und das eigentliche
Thema setzen die Teilnehmer wieder auf die Tagesordnung der nächsten Sitzung. Kein Wunder: Wer schlecht
auf das Meeting vorbereitet ist, kein Besprechungsziel vor

Augen hat oder keine Prioritäten setzt, wird leicht in den Niederungen der Nebensächlichkeiten landen. Harmlos, aber ineffektiv.

<u>Der resignierte Mitarbeiter:</u> „Wenn Besprechungen ohnehin nichts bringen – weshalb soll ich mich vorbereiten, vorab Informationen sammeln, Unterlagen lesen oder pünktlich Aufgaben erledigen?" Typisch: Besprechungsteilnehmer sind um keine Ausrede verlegen, wenn sie die Besprechung nicht ernst genommen haben und schlecht vorbereitet sind. Die Ursache: Entweder haben sie keine Zeit gehabt (was sehr gut möglich ist), die Aufgabe unterschätzt (was auch gut möglich ist) – oder sie sind schlichtweg bequem und faul. Bevor Sie dies aber Ihren Mitarbeitern unterstellen, sollten Sie prüfen, ob sie wirklich Gelegenheit hatten, sich auf das Meeting vorzubereiten, und ob sie richtig eingeschätzt haben, wie wichtig ihre Vorarbeiten für den Besprechungserfolg sind.

<u>Das „Zuviel-des-Guten"-Syndrom:</u> Ein Mitarbeiter hat zu jedem Thema etwas zu sagen. Engagiert meldet er sich zu jedem Stichwort, redet im Übermaß – bis allen klar wird: Ihm geht es nicht um die Sache. Ihm geht es allein darum, gehört zu werden. Er möchte im Mittelpunkt stehen, doch mit seinem Übereifer und seiner Profilierungssucht hemmt er den Informationsfluß. Auch möglich: Er hat das Gefühl, daß ihn seine Kollegen nicht akzeptieren.

<u>Das „Zwei-Drittel"-Prinzip:</u> Zu Beginn des Meetings fehlen sechs der neun eingeladenen Teilnehmer. Der eine Mitarbeiter hat ein Kundengespräch. Ein zweiter ist noch nicht im Hause. Ein dritter sitzt mit seiner Kollegin in der

Cafeteria, ein vierter sucht den fünften und der sechste ist wieder gegangen, weil sich der Start der Besprechung sowieso eine halbe Stunde verzögern wird. Mangelnde Disziplin zählt zu den hartnäckigsten Besprechungsfehlern. Teilnehmer kommen zu spät, gehen zu früh, vergessen das Meeting ganz oder unterbrechen die Sitzung immer wieder, weil sie „eben noch etwas Dringendes erledigen müssen". Die Ursachen: Häufig schätzen sie die Bedeutung der Besprechung falsch ein, manchmal fehlt es ihnen an Verantwortungsbewußtsein für sich und andere.

Der Machtmensch mit Schwächen: Das Beispiel des Wiesbadener Unternehmens, in dem sich der Vorgesetzte in den Mittelpunkt der Besprechung rückt, zeigt einen weiteren Fehler. Der „Chef" bestimmt über die Tagesordnung der Besprechung, entscheidet kraft seines Amtes in strittigen Fragen und blockiert Meinungen seiner Mitarbeiter, die seiner eigenen entgegenstehen. Folge: Der Dialog findet überhaupt nicht statt. Ursachen: Neben Unsicherheiten des Besprechungsleiters mag es sein, daß er die Kompetenz seiner Mitarbeiter unterschätzt (oder seine Verantwortung überschätzt). Ebenfalls nicht unwahrscheinlich: Seine eigene Machtbesessenheit macht ihn blind für die Tatsache, daß unter seiner Führung die meisten Besprechungen gründlich mißlingen.

Versuchen Sie, aus diesen Fehlern zu lernen. Möglicherweise hat die Sammlung typischer Besprechungsfehler Ihnen Bekanntes vorgeführt, über das Sie sich schon seit Jahren ärgern. Über das sich Ihre Kollegen vielleicht ebenfalls ärgern. Was also tun?

Kurz und knapp: Moderieren Sie die Besprechung! Versuchen Sie, mit Moderation die altbekannten Besprechungsfehler nicht zu wiederholen. Damit können Sie nicht nur die Fehler vermeiden. Sie werden gleichzeitig zu besseren Ergebnissen Ihrer Besprechung kommen. Und Sie werden sehen, daß Ihre Mitarbeiter zufriedener die Besprechung verlassen und zuverlässiger die Beschlüsse umsetzen. Das einzige, was Moderation von Ihnen fordert, ist Umdenken in einigen Punkten.

Zunächst einmal: Viele Menschen fühlen sich von Besprechungen eher „betroffen" als an ihnen beteiligt. Ihnen wird gesagt, was zu tun, zu meinen, zu erledigen und zu beschließen ist. Sie werden nicht gefragt. Sie werden konfrontiert. Sie besprechen nicht. Es wird mit ihnen besprochen. Sie fühlen sich unbeteiligt – und betroffen vielleicht auch in dem Sinne, daß sie die Besprechungskultur betroffen macht. Weil sie sich immer wieder über die schlechte, ineffiziente Besprechungskultur ärgern.

Daher: Machen Sie aus Betroffenen Beteiligte. Das ist vielleicht die wichtigste Empfehlung in diesem Buch. Die Betroffenen wollen beteiligt werden, und von Anfang an müssen sie sich an der Besprechung beteiligen können. Es reicht nicht aus, daß sie nur das Gefühl haben, sich zu beteiligen. Sie müssen auf die Tagesordnung Einfluß nehmen können, während der Besprechung offen ihre Meinung, ihre Vorschläge und ihre Kritik äußern und an den Ergebnissen mitwirken können.
Viele neue Konzepte und Ideen für Ihre Besprechung mögen Ihnen bereits eingefallen sein. Solange Sie diese Konzepte den Besprechungsteilnehmern – den Betroffenen – „überstülpen" und Ihre Mitarbeiter zum Mitmachen

zwingen, werden Sie kaum Erfolg haben. Ihre Aufgabe ist es, den Rahmen dafür zu schaffen, daß Ihre Mitarbeiter sich freiwillig und selbstbestimmt beteiligen.

Was für ein Rahmen? Wenn Menschen zusammenkommen, gehen sie nach gewissen Regeln miteinander um. So ist es notwendig, daß sie einer Besprechung Spielregeln geben. Das erscheint vielen wie ein schlechter Scherz oder wie eine Revolution. Doch Spielregeln sind wichtig. Sie binden alle Teilnehmer (inklusive Besprechungsleiter) an einen gewissen Modus des Zusammenarbeitens. Sie setzen dem Chaos Grenzen und helfen zugleich, jedem den nötigen Freiraum zur Beteiligung zu schaffen. Spielregeln können sein: Jeder ist dafür mitverantwortlich, daß die Ziele der Besprechung erreicht werden. Die Mitarbeiter unterdrücken keinen Konflikt, sondern machen ihn zum Thema und klären ihn. – Das sind nur zwei Beispiele für Spielregeln. Mehr dazu lesen Sie im dritten Kapitel.
Denken Sie daran: Aus Betroffenen Beteiligte machen. Die Besprechungsgruppe wird sich also selbst Spielregeln geben – was Sie aber nicht daran hindern sollte, Spielregeln vorzuschlagen und zur Diskussion zu stellen. Nur eines: Verordnen Sie die Spielregeln nicht, auch dann nicht, wenn Sie meinen, diese Regeln seien vernünftig und förderlich.

Was können Sie noch tun, um Besprechungen zum Erfolg zu verhelfen? In den nächsten Kapiteln werden Sie Punkt für Punkt den Ablauf einer moderierten Besprechung mit allen wichtigen Arbeitstechniken kennenlernen. Versuchen Sie, für Ihre Besprechungen neue Konzepte zu entwerfen. Vielleicht müssen Sie das Management Ihrer Besprechung ändern, die Organisation anders gestalten und die Nachbereitung überdenken. Doch die Mühe lohnt sich. Mit der Moderation haben Sie reelle Chancen, die typischen Fehler zu vermeiden und frischen Wind in das „vermuffte" Besprechungsklima zu bringen.

2. Was wir alles Besprechung nennen...

Das weite Feld der Besprechungen: Wer sich eine „Besprechung" im Terminkalender notiert, meint nicht immer gleich eine Besprechung im strengen Sinne. Sitzungen, Konferenzen oder Meetings von Arbeitsteams – unter dem Begriff Besprechung wird vieles gefaßt. Es lohnt sich, bei dieser offenen Definition zu bleiben, so, wie es allgemein bekannt ist. Mindestens zwei Personen kommen zusammen, um einen oder mehrere Sachverhalte zu erörtern. Besprechungen finden statt auf allen hierarchischen Ebenen und zwischen unterschiedlichen hierarchischen Ebenen. Auf Themen oder Teilnehmer bezogen, hat freilich jede Besprechung ihren eigenen Charakter und ihre eigene Aufgabe.

Ein Vertrieb für elektronische Computerbauteile bittet seine Verkäufer in den Konferenzsaal, um neue, leistungsfähige Produkte vorzustellen. Der Vertriebsmanager trägt die Neuigkeiten und wesentliche Fakten vor. Er beantwortet Fragen und reicht anschließend einen Stapel mit Produktbeschreibungen herum. Diese Besprechung soll ein neues Produkt (oder generell: neue, für alle Mitarbeiter wichtige Fakten) präsentieren. Ziel der <u>Präsentation</u> ist, daß alle Teilnehmer über den gleichen Kenntnisstand verfügen und künftig das Wissen für ihren Arbeitsalltag nutzen können.

Das Projektteam einer Werbeagentur trifft sich, um ein eiliges Projekt zu planen, Maßnahmenkataloge zu entwickeln, gemeinsam wesentliche Arbeitsschritte festzule-

13

gen und Aufgaben zu verteilen. Sie fixieren Liefertermine und stimmen sich darin ab, welche anderen, weniger dringenden Arbeiten sie zurückstellen können. In der Projektbesprechung werden Aufgaben verteilt und koordiniert. Jeder weiß, welcher Kollege gerade mit welcher Teilaufgabe beschäftigt ist.

Die Finanzabteilung eines Geldinstituts kommt zu einer Sitzung zusammen. In den letzten Wochen hat es Probleme und Fehler gegeben, die sich nicht wiederholen dürfen. Zusammen versuchen sie, das Problem zu lösen und Pannen für die Zukunft auszuschließen. Zugegeben, **Problemlösungs-Besprechungen** zählen zu den unbeliebten Besprechungen – dann nämlich, wenn es um die Probleme in der eigenen Abteilung geht. Knifflig wird es, wenn die Teilnehmer nach Schuldigen suchen, statt Wege zu finden, wie sie eine Schwierigkeit gemeinsam bewältigen können. Indes, nicht immer geht es auf Problemlösungs-Besprechungen um interne Schwierigkeiten oder muß gar „schmutzige Wäsche gewaschen" werden. Probleme können auch Kunden, Lieferanten, eigene oder fremde Produkte, neue Marktentwicklungen, Mitbewerber oder unverschuldete Reklamationen machen.

Ein Team aus der Entwicklungsabteilung eines Software-Spezialisten soll ein neues Archivierungssystem entwickeln. Auf ihrer ersten Projektbesprechung suchen die Programmierer gemeinsam Lösungswege und Strategien, um das Projekt technisch in den Griff zu bekommen. Eine typische **Brainstorming-Sitzung**. Das Team soll Ideen zusammentragen und gemeinsam Strategien entwickeln. Wer Brainstormings richtig leitet, wird auf eine Goldader von guten Ideen und wichtigen Argumenten

stoßen. Vorteil: Gemeinsam können die Teilnehmer –
Schritt für Schritt – Vorschläge machen und danach
erwägen, welche Ideen sinnvoll sind und sich umsetzen
lassen.

*Die Mitglieder des Qualitätszirkels einer Hotelkette
besprechen und werten ihre Arbeitsergebnisse. Sie beraten über die Mängel, die sie aufgedeckt haben und über
Wege, die Qualität des Hotels zu verbessern.* Genau
diese „Beratung" verstehen viele Menschen unter dem
Begriff Besprechung: Teilnehmer äußern ihre Meinung,
bewerten Fakten, diskutieren und kommen mehr oder
minder einhellig zu einem Ergebnis. Beratungen helfen,
möglichst viele Gesichtspunkte zusammenzutragen und
sie zu bewerten.

Keine Frage: Unter den Begriff „Besprechung" fällt ein
buntes Sammelsurium von Zusammenkünften mit sehr
unterschiedlichen Zielen. Dennoch, alle Besprechungen
haben ein gemeinsames Muster, und die Moderation
hilft, dieses Muster grundlegend zu verbessern.

„Wir laden Sie herzlichst ein, um folgendes zu besprechen...": Ein Einladender legt fest, welche Themen zu
besprechen sind. Logisch! Einer muß die Initiative ergrei-
fen, die Besprechung ansetzen und erklären, weshalb er
zu einer Besprechung einlädt. Auf den ersten Blick
scheint es so, daß an diesem Verfahren wenig zu ändern
ist. Doch bitte erinnern Sie sich: Betroffene Teilnehmer
zu Beteiligten machen. Möglicherweise möchte ein Teilnehmer ein Thema vorschlagen, das ihm unter den
Nägeln brennt. Jemand möchte die Prioritäten anders
setzen oder einen Kollegen zusätzlich einladen – auch

das ist möglich. Das erste Prinzip einer moderierten Besprechung: Teilnehmer nehmen Einfluß auf die Themenstellung und die Tagesordnung. Das kann bereits bei der Vorbereitung oder während des Meetings geschehen. Aufgabe des Einladenden ist es, Teilnehmern von Anfang an dazu ausreichend Gelegenheit zu geben.

„Äh, wo sind wir dran...?": Der eine sagt etwas, der andere antwortet, ein dritter wirft etwas ein und ein vierter gibt seinen Kommentar dazu. Ob die anderen Ihre Meinung und Ideen auch verstanden, erfaßt und behalten haben, steht auf einem anderen Blatt. Nicht selten verlieren die Besprechungsteilnehmer den roten Faden. Was hat der Kollege Fruber noch gesagt? Was meinte vorhin Frau Melchhof genau? Alle Wortbeiträge präsent zu haben und in die gemeinsamen Überlegungen einzubeziehen – das gelingt nur Gedächtnisakrobaten.

In der „moderierten Besprechung" gehen Sie einen anderen Weg. Alle Kernaussagen werden restlos und sorgfältig notiert – auf Kärtchen (den Moderationskarten), an der Pinwand, auf FlipChart-Papier oder Folie für den Overhead-Projektor. Grafiken und Tabellen veranschaulichen komplizierte Sachverhalte. Auch Entscheidungen lassen Moderatoren vielfach nicht per Handzeichen, sondern auf Papier treffen. Vorteil der Visualisierung: Die Teilnehmer haben den „Status quo" der Besprechung permanent vor Augen. Später lassen sich die Beiträge zu Themenschwerpunkten zusammenfassen, optisch aufbereiten und für das Protokoll verwerten.

„Was ich Ihnen mitzuteilen habe...": Die meisten Besprechungen finden hierarchieübergreifend statt. Der Chef ist dabei, und zumeist ist er Besprechungsleiter. Haben bislang viele Vorgesetzte die Besprechung geführt, fällt ihnen jetzt die Aufgabe zu, die Besprechung zu moderieren oder sich in die Gruppe zu begeben (und einem Mitarbeiter oder externen Moderator die Leitung zu überlassen). Was für Vorgesetzte auch heißt: Den Mitarbeitern zuzuhören, ihre Ideen gelten zu lassen, ihre Meinungen zu akzeptieren – und sie aufzufordern, sich zu den Besprechungsthemen frei zu äußern.

In einer moderierten Besprechung sind die Meinungen aller Beteiligten mehr als nur gestattet oder erwünscht. Eine moderierte Besprechung setzt zwingend voraus, daß tatsächlich möglichst alle ihre Beiträge äußern. Die Wortbeiträge aller sind notwendig und wertvoll. Weshalb? Der Moderation liegt ein anderes Verständnis des Menschen „Mitarbeiter" zugrunde. Moderatoren gehen davon aus, daß zusammenarbeitende Menschen in der Regel reif genug sind, ihre Probleme selbst zu lösen. Im Prinzip braucht es keinen „Chef" am Kopfende des Tisches, der die Besprechungsrunde steuert und für die Mitarbeiter Verantwortung trägt. Moderatoren setzen voraus, daß die Besprechungsteilnehmer für ihre Arbeit gemeinsam Mittel und Wege finden, ihre Projekte zu organisieren, Informationen auszutauschen und Probleme zu lösen.

Viele wissen mehr als ein einzelner. Vielleicht haben Sie bereits beobachtet, daß eine Arbeitsgruppe in der Regel komplexe Aufgaben besser bewältigen kann als ein einzelner Mitarbeiter. Jeder Mensch bringt seine (Berufs-) Erfahrungen mit in die Besprechung.

Wenn Sie mit einer Aufgabe nicht vorankommen, werden Sie möglicherweise einen Kollegen fragen, der mit diesem Problem vertraut ist oder sich sogar als Experte bewiesen hat. Und selbst im Privatleben werden Sie ein Problem vielleicht mit einem Freund erörtern, um seine Meinung zu hören. Wenn es um Lernen, um Kreativität, um Problemlösung geht, dann sind wir Gruppenwesen. Genau dieses Prinzip macht sich die Moderation zunutze und schafft Bedingungen für optimale Zusammenarbeit.

Und was ist mit dem Besprechungsleiter? Ihm weist die Moderation eine neue Aufgabe zu. Hat er bislang als „teilnehmender Vorgesetzter" den Kurs bestimmt und für das Meeting (deshalb) auch die Verantwortung übernommen, so begleitet er jetzt als Moderator die Besprechung. Er gibt nicht mehr den Kurs vor, sondern ist für den Prozeß der Moderation verantwortlich. Und seine Verantwortung, die er für das Meeting trägt? Aus Betroffenen Beteiligte machen: Die Verantwortung liegt bei der Gruppe selbst.

Das leistungsfähige Prinzip Moderation: Welche Besprechungen liegen in den nächsten zwei Wochen bei Ihnen an? Können Sie die Moderation einsetzen? Versuchen Sie es:

Sie beabsichtigen, Teilnehmer über ein Thema zu informieren. – Die Techniken für die Präsentation werden Ihnen helfen. Mit Schaubildern und Erklärungen können Sie verständlich und nachvollziehbar Informationen vermitteln. Sie ersparen sich und Ihren Mitarbeitern nach der Besprechung Rückfragen oder zeitraubende Recherchen.

Sie beabsichtigen, Probleme zu analysieren. – Die Moderationsmethode unterstützt Sie, gemeinsam Ursa-

18

chen für Probleme ausfindig zu machen, sie zusammenzufassen, Lösungsansätze zu bewerten und Maßnahmen
zu beschließen.

Kooperativ gefaßte Beschlüsse werden Ihre Mitarbeiter
akzeptieren und umsetzen. Ihre Mitarbeiter kennen die
Hintergründe für diese Beschlüsse und haben eigene
Ideen und Meinungen beigesteuert. Sie ersparen sich
den Ärger, daß sich jemand nicht an der Lösung des Problems beteiligt und damit die sorgfältig herbeigeführten
Beschlüsse torpediert.

Sie beabsichtigen, Ideen zu sammeln. – Die Moderationsmethode hilft, Ideen zusammenzutragen, zu visualisieren,
einen Überblick zu geben und zu bewerten. Nun, auf
einem Blatt Papier könnten Sie das vielleicht auch alleine
tun. Aber: Vor allem dann, wenn Ihre Besprechungsrunde sich aus verschiedenen Fachkräften oder Spezialisten
zusammensetzt, werden die Teilnehmer die Ideen aus
verschiedenen Perspektiven ergänzen und Ungenauigkei-
ten sofort klären. Sie ersparen sich nach dem Meeting
wiederum Rückfragen („Haben Sie nicht eine Idee?" –
„Meinen Sie, das kann man wirklich machen?").

Sie beabsichtigen, Entscheidungen vorzubereiten. – Der
Mensch denkt nur selten in Alternativen. Zumeist denken
wir nur über einen einzigen Weg nach, um ein Ziel zu
erreichen. In der Besprechungsrunde werden Sie eine
Vielzahl von Wegen entdecken, die erfolgversprechen-
den Wege herausfiltern und zugleich sinnvolle Alternativen festlegen.

Erste
Zwischenbilanz

Ein Blick zurück: Sie haben schwerwiegende Besprechungsfehler kennengelernt. Schlecht geführte Besprechungen kosten Geld, Zeit und Nerven. Das, was
während der Besprechung nicht geklärt wurde, müssen
die Mitarbeiter dann doch nachholen: Nachfragen stellen, in Gruppen diskutieren, beim Vorgesetzten im Nach-
hinein etwas absegnen lassen – die leidigen Folgen
ineffizienter Besprechungskultur.

Sie haben – trotz der düsteren Bestandsaufnahme – hof-
fentlich nicht den Mut verloren, Besprechungen als wichtigen Umschlagplatz für Informationen zu nutzen. Sie
haben etwas über verschiedene Besprechungstypen
erfahren, den Grundgedanken der Moderation kennengelernt und schon erste allgemeine Ratschläge an die Hand
bekommen, wie Sie Ihre Besprechungskultur verändern
und von Fehlern befreien können.

Nehmen wir an:
... Sie ärgern sich immer wieder über die typischen
   Besprechungsfehler.
... Sie möchten Besprechungen künftig effizient leiten.
... Sie teilen im großen und ganzen die Sichtweise von
   Teamarbeit.
... Sie möchten einen neuen Weg einschlagen und wis-
   sen, wie Sie Besprechungen moderieren können.

Ein Blick voraus: Der zweite Teil dieses Buches führt Sie
Schritt für Schritt in die „Moderierte Besprechung" ein.

Und zwar nicht systematisch („Was ist eine Punktfrage?"), sondern illustriert durch den typischen Verlauf einer Besprechung. Sie werden eine Art Fahrplan kennenlernen, der allerdings über keinen Zeitplan nach dem Muster „Dafür brauchen Sie etwa zehn Minuten" verfügt. Es sind nur Stationen einer Besprechung angegeben. Die Zeit, die Sie von Station zu Station „benötigen", hängt von Ihrem Thema ab und vor allem davon, wieviel Zeit sich die Gruppe nehmen möchte, um ein Thema zu klären.

3. Besprechungen moderieren: „Welche Themen liegen an?"

3

Den Termin hat sich jeder des zehnköpfigen Arbeitsteams einer Wiesbadener Werbeagentur im Terminkalender eingetragen. Aus Gewohnheit. Jeden Montagmorgen trifft sich das Team zur Besprechung.
An einem Montagmorgen im Frühling hat sich die Atmosphäre im Konferenzzimmer geändert. Die Fenster sind geöffnet. Vogelstimmen und entfernter Kinderlärm. Frische Luft.
Auch die Tische sind umgestellt. Jemand hat sie neu angeordnet. Alle Teilnehmer haben sich im Blick und können einander direkt ansprechen. Auch im Blickfeld: Pinwände und FlipCharts. Es scheint, jemand hätte alles zusammengetragen, was die Agentur an Pinwänden und Charts hergibt.

„Bevor wir heute morgen beginnen, möchte ich Sie nach Ihrem Befinden fragen", eröffnet Walter Gernot die Besprechung. Auf dem FlipChart hat er ein Blatt vorbereitet: Ein langer Strich mit Markierungen wie auf einer Meßlatte:
„Mir geht es ausgesprochen gut."
„Mir geht es gut."
„Ich fühle mich normal."
„Ich fühle mich nicht ganz wohl."
„Ich fühle mich schlecht."

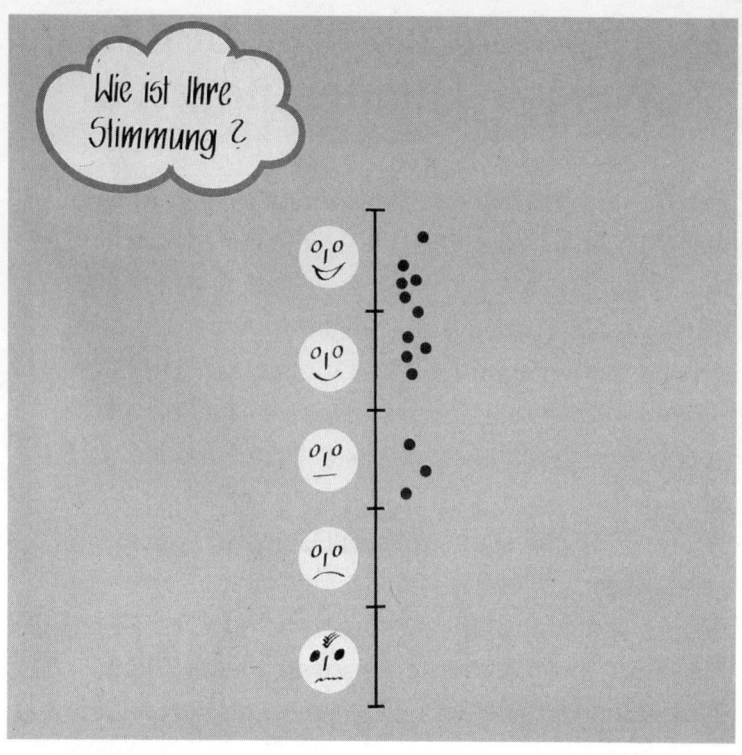

Die Aufgabe: Jeder der zehn Besprechungsteilnehmer soll einen Klebepunkt auf dem „Stimmungsbarometer" anbringen und Auskunft über sein Befinden geben.

Etwas entgeistert zögern die Mitarbeiter, ihre Punkte aufzukleben. Walter Gernot ermutigt sie. So lange, bis sich der erste rührt und auch die anderen neun zur Pinwand kommen.

Walter Gernot bedankt sich bei seinen Besprechungsgästen. „Wie würden Sie aus Ihrer Sicht Ihre Stimmung heute morgen beurteilen?" Beifälliges Nicken. „Nicht schlecht." – „Eigentlich eine prima Stimmung!" Und nun? „Kommen wir zur Tagesordnung."

<u>„Hallo, wie geht's Ihnen heute?"</u>: Die Besprechung beginnt schon, bevor überhaupt jemand ein Thema ange-

schnitten oder einen Beitrag geleistet hat. Die Teilnehmer begrüßen sich, nehmen Platz, sprechen miteinander, fragen Kollegen nach persönlichen Dingen – all das hat bereits Einfluß auf das Besprechungsklima.

Sie sollten diese Einstimmung nutzen. Das <u>Stimmungsbarometer</u> hilft Ihnen, sich besser auf das Besprechungsklima einzustellen. Diese Einstimmung regt Ihre Mitarbeiterinnen und Mitarbeiter* an, sich über ihr Befinden Gedanken zu machen. Ein weiterer wichtiger Vorteil des Stimmungsbarometers: Sie zeigen, daß Sie sich für Ihre Mitarbeiter interessieren, daß Sie sie nicht nur als Personen ernst nehmen. Damit bestimmen Sie von Anfang an das Besprechungsklima und bereiten eine angenehme, konstruktive Arbeitsatmosphäre vor.

Was soll heute besprochen werden? Bislang hat Walter Gernot zu Beginn des Meetings „seine" Tagesordnung knapp verkündet. Auch mit dieser Regel hat er diesmal gebrochen. „Bevor wir beginnen, möchte ich Sie um Spielregeln bitten", erklärt er. Bitte was? Spielregeln? „Wie sollen wir miteinander umgehen und die Besprechung gestalten?" hakt er nach.

Schweigen. Montagmorgen, und dann so etwas...

Walter Gernot holt eine Pinwand aus der Ecke. Acht Punkte hat er als Spielregeln notiert:

• Jeder ist für die Zielerreichung mitverantwortlich.
• Alle Aussagen werden für alle sichtbar visualisiert.

*Hinweis des Autors: Der Lesbarkeit und Kürze halber werde ich das Wort Mitarbeiter, Teilnehmer und Moderator verwenden. Unter Mitarbeiter sind auch Mitarbeiterinnen begriffen, unter Moderator auch Moderatorinnen und unter Teilnehmer auch Teilnehmerinnen. Das gleiche gilt für Abteilungsleiter, Manager und andere Begriffe, die die Funktionen von Personen wiedergeben. In diesem Punkt hoffe ich auf das Verständnis meiner Leserinnen und Leser.

- Konflikte und gegensätzliche Meinungen werden nicht verheimlicht, sondern gekennzeichnet.
- Auch Zustimmung und besondere Begeisterung werden gekennzeichnet.
- Ziele gemeinsam zu erreichen, hat vor allem anderen Vorrang.
- Konflikte werden thematisiert und besprochen.
- Jeder sorgt für Ordnung.
- Wie wollen wir mit Verstößen gegen diese Spielregeln umgehen?

„Was meinen Sie zu den Spielregeln?" fragt Walter Gernot.

Abermals Schweigen in der Runde.

„Habe ich etwas bei meinem Vorschlag vergessen? Haben Sie etwas zu ergänzen?"

„Was ist mit dem Rauchen?" fragt jemand. Die alte Diskussion: Die Raucherfraktion tritt gegen die Nichtraucherfraktion an. „Kippe aus!" gegen „Fenster auf!"

„Ihre Vorschläge, bitte!"

„Wir sollten das Rauchen nicht gestatten", meint eine Mitarbeiterin.

Protest in der Raucherfraktion. Walter Gernot nimmt eine Pappkarte, notiert „Rauchen untersagen" und heftet sie an die Pinwand. „Weitere Vorschläge?"

Die Raucher wehren sich: „Das können wir nicht machen. Rauchen erlauben und Fenster öffnen."

Walter Gernot notiert auf einer zweiten Moderationskarte: „Rauchen erlauben und Fenster öffnen."

„Weitere Vorschläge?" fragt er.

„Nicht rauchen und dafür mehr Pausen für eine Zigarette."

Auch das notiert er.

„Ach, das ist mir eigentlich egal", meint ein Mitarbeiter. Walter Gernot notiert. Der Mitarbeiter wendet ein: „Das war eigentlich nicht für die Tafel gedacht...!"
Walter Gernot erklärt: „Ich möchte, daß wir alle Aussagen notieren und ich meine, wir sollten Ihre Meinung ernst nehmen."
Vier Moderationskarten hängen nebeneinander an der Pinwand. Walter Gernot gibt seinen Mitarbeitern je einen Klebepunkt und bittet sie, an der Pinwand mit diesem Punkt ihre Meinung zu äußern. Die Aussage, mit der sie sich anfreunden können, sollen sie mit einem Punkt kennzeichnen.
Das Endergebnis: „Rauchen erlauben" 2 Punkte, „Rauchen verbieten" 3 Punkte, „Raucherpausen machen" 4 Punkte und „egal" 1 Punkt. – Einer der Raucher meldet sich zu Wort: „Also, wenn wir Raucherpausen machen, damit kann ich gut leben. Was ist mit Ihnen?" Der andere Raucher antwortet zögernd: „Ja, ich auch." „Können wir uns also auf diese Regel einigen?" fragt Walter Gernot und zeigt auf die Raucherpausen-Karte mit den 4 Klebepunkten. Nicken in der Runde. Walter Gernot trägt den Punkt „Nicht rauchen und Pausen machen" auf der Liste mit Spielregeln nach. „Möchten Sie die Spielregeln um weitere Punkte ergänzen?"
Keine Meldung. Die Gruppe ist einverstanden. Walter Gernot braucht niemanden zu ermahnen, sich an die Spielregeln zu halten. Die Teilnehmer halten sich freiwillig an ihre „Verfassung". Um jedoch mit Verstößen umgehen zu können, erklärt Walter Gernot den Einsatz der grünen Karte. „Hält sich ein Teilnehmer nicht an die vereinbarten Spielregeln, so halten Sie die grüne Karte in die Runde, um zu demonstrieren, daß Sie vorwärts kommen wollen."

Legen Sie gemeinsam Spielregeln fest: Überall dort, wo Menschen zusammentreffen, leben sie nach Spielregeln. Und zu den Regeln einer moderierten Besprechung gehört es, daß die Teilnehmer selbst über diese <u>Spielregeln</u> bestimmen.

Vor einer Besprechung sollten Sie die Teilnehmer also Spielregeln entwerfen lassen. Sammeln Sie Vorschläge, notieren Sie jeden (!) der Vorschläge auf Moderationskarten und heften Sie die Karten an die Pinwand. Der Einfachheit halber können Sie Spielregeln vorgefertigt auf FlipChart-Papier mitbringen. Vergessen Sie aber nicht, die Teilnehmer über die vorbereitete Liste beraten und sie ergänzen zu lassen. Danach beschließen die Teilnehmer die Regeln. – Denken Sie bitte daran, daß auch die augenscheinliche „Vernünftigkeit" Ihrer Idee nicht zwingend ist, solange die Gruppe nicht eingewilligt hat.

Ein weiterer wichtiger Schritt zur moderierten Besprechung: Bevor Sie überhaupt Spielregeln festlegen, sollten sich Ihre Besprechungsgäste kennenlernen. Lassen Sie neue Gäste sich selbst vorstellen. Tragen zusätzlich alle ein Namensschild am Revers, ersparen Sie Ihren Teilnehmern peinliche Situationen – wenn sie nämlich andere nicht mit Namen ansprechen können und etwas wie „Der Herr mit der grünen Weste da hinten" stammeln.

Besser noch: Versuchen Sie, mit einer Teilnehmerliste Ihre Gäste einander vorstellen zu lassen. In der ersten Spalte tragen Ihre Gäste Vornamen und Namen ein, in einer zweiten Spalte ihre Erwartungen und in einer dritten Spalte das, was sie sich persönlich nicht bei einer Besprechung wünschen. Nehmen wir an, das Team der Wiesbadener Werbeagentur würde erstmals zusammensitzen. Die Liste sähe (möglicherweise) so aus:

Vorname, Name	Ich erwarte	Hier sollte auf keinen Fall
Sabine Kopf	Alle machen mit !	Jemand gestört werden
Peter-Rudolphus	Vorschläge	schlechtes Arbeitsklima
Carsten Schnack	Wichtige Information	Fragen übergangen werden
Marcus Bernstein	Klare Prioritäten	??
Ralf Schöner	Klare Verhältnisse	Entscheidungen vertagt werden
Iris Fisch	Entspanntes Arbeiten	Alle zugleich reden
Oliver Hartenstein	Klare Prioritäten	Keine Entscheidungen aufschieben
Ruth Ballhaus	Jeder sagt seine Meinung	Selbstdarstellung

„Ich habe Ihnen am letzten Dienstag eine Einladung ins Fach gelegt. Ist sie bei Ihnen angekommen?"
Walter Gernot hält sein Einladungsschreiben hoch.
„Wir haben zwei Punkte vom letzten Montag auf heute vertagt", fährt er fort, „diese Punkte müssen wir heute klären." Er dreht eine Pinwand herum und alle blicken auf eine vorbereitete Themenliste.
„Diese beiden Themen habe ich hier eingetragen. Sie sind identisch mit denen in Ihrem Einladungsschreiben."
Als erstes: Bei einem wichtigen Kunden hat der Werbeleiter gewechselt. Nun möchte er – trotz aller Verträge und fortgeschrittener Vorbereitungen – die Werbestrategie ändern: Wie weit kann man ihm entgegenkommen?
Zweitens: Einen wichtigen Plakatentwurf haben die Grafiker zu spät eingereicht. Der Auftrag ging verloren. Was kann man besser machen? „Ich suche keinen Schuldigen. Ich möchte mit Ihnen nur überlegen, wie wir sicher-

stellen, daß so etwas nicht noch einmal passiert. –
Haben Sie dazu noch Fragen?"
Keine Fragen. Die Mitarbeiter begreifen, daß Walter Gernot die Besprechung anders gestalten möchte. Heute
zumindest. In der ersten halben Stunde hat sich ein kon-
zentriertes, doch entspanntes Arbeitsklima entwickelt.
Einige Herren haben Ihren Krawattenknoten gelockert.
Keiner schaut gelangweilt aus dem Fenster oder blättert
in Unterlagen, die nicht zur Sache gehören.

„Welche weiteren Themen möchten Sie heute besprechen?" fragt Walter Gernot.
Vorschläge für zusätzliche Themen kommen schnell. Für
eine Werbeaktion liegen die Fotos noch nicht vor. Das
Angebot des Fotografen aus München sprengt den Etat.
Ein Grafiker möchte darüber sprechen, daß er sich mit
den Textern über die Textlänge für eine Broschüre nicht
einigen kann. Und die Urlaubsregelung ist, mit Verlaub,
alles andere als „geregelt". Eine Mitarbeiterin hat im letzten Jahr ihren Urlaub verfallen lassen müssen.
Walter Gernot notiert die Vorschläge direkt auf der Pin-
wand und ergänzt die vorbereitete Themenliste. Als ein
Texter sich gegen die Vorwürfe der Grafiker zu wehren
beginnt („Das sollten wir unter uns ausmachen!!"), bittet
Gernot ihn, Wortmeldungen noch nicht zu kommentie-
ren. „Das klären wir später. Wir stimmen erst über die
Tagesordnung ab und setzen Prioritäten."
Die fünf zusätzlichen Themen, die Walter Gernot auf der
Liste notiert hat, drohen die Tagesordnung zu sprengen.
„Wir schaffen heute bestenfalls drei", meint er, „wir müs-
sen Prioritäten setzen." Die Themen, die die Teilnehmer
am letzten Montag verschoben haben, drängen – Priorität
A. „Über die restlichen drei müssen wir entscheiden." Er

gibt jedem Teilnehmer drei Klebepunkte, und wie bei der Frage über das Rauchen, entscheidet die Gruppe mit Klebepunkten, allerdings jetzt mit der „Mehrpunktfrage".

Auf den Punkt gebracht: Punktfragen helfen, Meinungen zu erfragen und Entscheidungen zu treffen. Mit dieser Technik erfahren Sie (und erfahren auch Ihre Besprechungsgäste), wie die Gruppe über eine Frage denkt. Geben Sie Ihren Besprechungsteilnehmern Klebepunkte und bitten Sie sie an die Pinwand. Die Teilnehmer kleben ihre Punkte auf die Aussage, die sie befürworten, teilen oder unterstützen. In Listen halten Sie eine Spalte frei; sie ist für die Punktbewertung reserviert.

Themen	Bewertung	Priorität
Änderung der Werbestrategie		
Pünktlichkeit in der Angebotserstellung		
Fotos für die Werbeaktion fehlen		
Streit zwischen Text und Grafik		
Urlaubsregelung		

Entscheiden lassen können Sie über **vorbereitete Fragen** oder über Fragen, die sich aus der Situation ergeben. Beispielsweise die Frage, wie die Gruppe mit dem Rauchen umgehen will, hat Walter Gernot als Einpunktfrage elegant gelöst. Auf die formulierte Frage ließ er sich Antworten zurufen und notierte alle Antworten auf Moderationskarten. Jeder Teilnehmer bekam einen Klebepunkt und drückte damit seine Meinung aus. Bei den Themen auf der Liste wendet er jetzt die **Mehrpunktfrage**-Technik an und geht von einer einfachen Formel aus: Er zählt die Themen durch (die vorbereiteten und auch die zugerufenen). Er dividiert die Anzahl durch zwei, um die Zahl der Klebepunkte zu ermitteln, die er zu verteilen hat. Also die Formel: Anzahl der Antworten/Themen durch zwei gleich Anzahl der Klebepunkte pro Teilnehmer.

Punkt-Limit. Setzen Sie sich zehn Punkte pro Kopf als Limit. Zehn Punkte ist die Obergrenze. Bei einer Liste von vierzig Themen müßten Sie jedem Teilnehmer zwanzig Punkte geben - eine Zumutung für die Teilnehmer und für denjenigen, der die Punkte auszählt. Auch sollten Sie vermeiden, daß ein Teilnehmer alle Punkte auf ein einziges Thema klebt. Damit könnte er alleine die Frage entscheiden und das Gleichgewicht aus dem Lot bringen. Mit der Regel, daß zwei Punkte je Thema erlaubt sind, haben Sie ein gutes Maß gefunden. Vor allem: Erklären Sie Ihren Teilnehmern diese Spielregel – oder machen Sie aus der Spielregel auf einer eigenen Karte einen „Anschlag". Notieren Sie auf einer Karte: „Je Thema maximal zwei Punkte". Dann ist die Sache für jeden klar.

Vorsicht, Manipulationsgefahr! Manche Teilnehmer kleben die Punkte dorthin, wo ihr Chef seine eigenen anbringt. Sie murmeln laut vor sich hin („Das ist doch wohl der beste Vorschlag!") und beeinflussen damit auch die Meinung ihrer Kollegen, die um sie herumstehen. Der erste Punkt zieht die nachfolgenden Punkte nach. Derjenige, der den ersten Punkt klebt, scheint immer die Gruppe leicht zu beeinflussen. Ist die Person, die gerade klebt, einem anderen Mitarbeiter sympathisch, dann wird er sich dessen Meinung womöglich anschließen. Ist ihm die Person unsympathisch, ist er geneigt, mit seinem Punkt demonstrativ für einen anderen Beitrag zu votieren. Wer den Anfang macht, hat daher mitunter das Spiel in der Hand. Es geht mit einem Mal nicht mehr um die Antworten, sondern um Beziehungen.

Solcherlei (un-)beabsichtigte Manipulation wird das Punktvotum ein wenig lenken. Diese Gefahr werden Sie nie ganz bannen. Professionelle Moderatoren setzen die Punktfrage behutsam ein, weil sie wissen, daß sie nur auf den ersten Blick einer demokratischen Entscheidungstechnik gleicht. Ein kleiner Trick wird Ihnen helfen, die Manipulationsgefahr gering zu halten: Numerieren Sie die Beiträge auf der Pinwand. Bitten Sie Ihre Teilnehmer, sich auf den Punkten die Ziffern Ihrer Favoriten zu notieren und erst dann an die Wand zu treten, um die Punkte anzubringen. Wer vorher weiß, wohin er seinen Punkt kleben möchte, wird sich nicht so leicht umstimmen lassen.

Eine gute Frage ist die halbe Antwort: Stimmt! Je mehr es Ihnen gelingt, mit Fragen Ihre Teilnehmer zum Nachdenken und zum Mitreden zu bewegen, desto besser ist Ihre Frage. Lösen Sie also mit geschickten Fragen Diskussionen aus. Fordern Sie Meinungen und Ansichten heraus.

Überlegen Sie sich genau, wie Sie Fragen stellen. Die Fragen müssen Ihre Besprechungsteilnehmer sofort verstehen, das liegt auf der Hand. Mehr noch: Fragen, die als Antwort nur „Ja" oder „Nein" erlauben, helfen Ihnen nicht weiter, die Gruppe zu Wortmeldungen zu stimulieren. Fragen Sie nicht „Wollen Sie dies.. (oder das..)?" Fragen Sie: „Was möchten Sie?" Stellen Sie offene Fragen.

Offene Fragen beginnen mit Wörtern wie beispielsweise WIE, WANN, WO, WER, WODURCH, WESHALB. Auf jeden Fall verlangen solche Fragen mehr als nur ein Kopfnicken und ein dahingemurmeltes „o.k."!

Viele sind es gewohnt, nur nach Fakten zu fragen. Sicherlich, Informationen sind wichtig: „Was steht an Projekten an?" – „Was kostet bei uns das Armaturenbrett?" Aber Meinungen, Erfahrungen, Ansichten oder Ideen sind auch wichtige, „erfragenswerte" Informationen. Fragen Sie so, daß Sie möglichst eine Vielfalt von Informationen erhalten und sich ein Bild über die Meinung und Stimmung Ihrer Mitarbeiter machen können.

Stellen nicht nur Sie Fragen. Bitten Sie Ihre Gruppe, selbst Fragen in den Raum zu stellen, Probleme in Fragen zu formulieren oder Aufgaben mit einem „Wie können wir...?" auszudrücken. Stichwort Rauchen: Meldet sich ein Teilnehmer mit diesem Problem zu Wort, kann er auch direkt die Frage formulieren: „Wie wollen wir hier mit dem Thema 'Rauchen' umgehen?" Notieren Sie als Moderator die Frage auf einen Schlips (länglicher Papierstreifen), bringen Sie ihn für alle sichtbar an der Pinwand an und schreiben Sie Antworten und Vorschläge auf Moderationskarten, die Sie unter der Frage befestigen.

Antworten er-fragen. Antworten auf Fragen sind der Rohstoff einer moderierten Besprechung. Sammeln Sie Antworten. Schreiben Sie jede Antwort auf, ohne den Beitrag als „richtig" oder „falsch", „gut" oder „schlecht" zu bewerten. Kurzum: Jeder Beitrag ist wichtig – egal, wer ihn äußert, egal, ob er Ihnen oder sonst jemandem ins Konzept paßt. Nehmen Sie eine Moderationskarte, notieren Sie unaufgefordert den Beitrag und heften Sie ihn zu den anderen Antworten unter der Fragekarte. Visualisieren heißt, daß jeder nachvollziehbare Schritt einer Besprechung auf Pinwänden, FlipCharts oder Overheadfolien aufgezeichnet wird.

Fragen zu den Fragen. Nehmen wir an, Sie stellen eine Punktfrage. Nachdem alle ihre Punkte geklebt haben und ein Meinungsbild sichtbar wird, stellen Sie fest, daß mindestens zwei Teilnehmer die Frage mißverstanden haben. Auch zu Fragen kann es Fragen geben. Vergewissern Sie sich, bevor Sie die Punkte austeilen, ob alle die im Raum stehende Frage verstanden haben.

4. Ideen „à la carte"

Die Besprechungsrunde der Wiesbadener Werbeagentur hat über ihre Tagesordnung entschieden. Zur Diskussion stehen heute der Streit zwischen Grafik und Text sowie die Urlaubsregelung. Die Entscheidung, ob der Münchner Fotograf mit unverhältnismäßig hohen Honoraren den Etat belasten darf, verschiebt die Gruppe auf den nächsten Montag.

„Sofort festhalten für den Maßnahmenkatalog!" mahnt Sabine Kopf. Walter Gernot stimmt zu: „Das sollten wir sofort tun und einen Maßnahmenkatalog anlegen." Er erstellt auf einer Liste an einer Pinwand den Maßnahmenkatalog, der von nun an die Besprechung begleitet. Jede beschlossene Maßnahme wird direkt notiert – und nicht erst am Schluß des Meetings.

Zufrieden betrachten die Mitarbeiter ihre Tagesordnung. Nicht nur, daß sie eigene Themen zur Sprache bringen und selbst (mit-) entscheiden können. Ihnen gefällt auch die Methode, mit der Walter Gernot an der Pinwand arbeitet. Schritt für Schritt verfolgen die Teilnehmer, wie ihre Tagesordnung entsteht. Nichts geschieht hinter ihrem Rücken.

Diese Transparenz ist den Teilnehmern, wie sich später herausstellt, besonders wichtig. Die Zeit, die sich Walter Gernot für die Vorbereitung genommen hat, hat er gut investiert: Er bereitete Tabellen vor. Er besorgte Klebepunkte, Moderationskarten, breite Filzschreiber und Pinwandnadeln. „Für das nächste Mal organisiere ich eine Art Kamera, mit der wir unsere Ergebnisse direkt von der Pinwand für das Protokoll fotografieren können", verspricht er, „dann sehen wir später nicht nur unser Ergebnis. Wir können jeden Schritt unserer Besprechung festhalten und sehen, welche Argumente und Ideen zu unseren Beschlüssen geführt haben."

Walter Gernots Vorbereitungen im einzelnen: Er hat auf Pinwandpapier eine Themenliste und eine Entscheidungshilfe ausgearbeitet. Das Papier hat er in drei Spalten – eine breite und zwei schmale – unterteilt. In der ersten, breiten Spalte (Überschrift: „Themen") vermerkte er mit blauer Farbe bereits vor der Besprechung jene wichtigen Themen, die unbedingt zu besprechen und auch bereits in der Einladung angegeben sind. „An diesen Punkten führt kein Weg vorbei", erklärte er, „die müssen wir heute vom Tisch bekommen." Unter diese Themen notierte er dann die Vorschläge der Gruppe.
In der zweiten, schmalen Spalte (Überschrift: „Bewertung") brachten die Teilnehmer ihre Bewertungspunkte an, in der dritten Spalte (Überschrift: „Rang"/"Priorität") notierte Walter Gernot das Auszählungsergebnis und vermerkte die Priorität. Die „Muß"-Themen erhielten Priorität A, die beiden gewählten Themen der Gruppe – „Urlaubsregelung" sowie „Streit zwischen Text und Grafik" – bekamen die Priorität B. Die anderen Vorschläge mit weniger Punkten erhielten Prioritäten C und D. Walter Gernot: „Ich möchte, daß Sie jeden unserer Entscheidungsschritte nachvollziehen können. Wenn jemand meint, daß eine Themenüberschrift seinen Vorschlag nicht korrekt wiedergibt – sofort melden, bitte."

Themen	Bewertung	Priorität
Änderung der Werbestrategie		A
Pünktlichkeit in der Angebotserstellung		A
Fotos für die Werbeaktion fehlen	3	C
Streit zwischen Text und Grafik	10	B
Urlaubsregelung	9	B

Die Themenmischung: Setzen Besprechungsleiter nur ihre eigenen Themen auf die Tagesordnung, versäumen sie mitunter, Themen aufzunehmen, die einem Arbeitsteam am Herzen liegen. Folge: Arbeitsprozesse können gestört werden, weil es an notwendigen Regelungen, Beschlüssen oder Informationen fehlt. – Lassen sie indes die Gruppe allein über den Besprechungsplan entscheiden, kann es sein, daß ihre Themen (Themen, aufgrund derer sie eingeladen haben) unerledigt bleiben.

Walter Gernot beginnt mit dem Einladungsthema „Einen wichtigen Plakatentwurf haben die Grafiker zu spät eingereicht". Der Auftrag ging verloren. Was ist künftig zu tun? Die Gruppe hat sich darauf geeinigt, das Thema auf der Liste unter dem Schlagwort „Terminkoordination" zu notieren.

„Ich habe Frau Ballhaus gebeten, Ihnen heute genauere Informationen zu geben. Sie kennt sich mit dem Problem am besten aus. Danach werden wir überlegen, was wir ändern können, um demnächst termingerechter arbeiten zu können."

Ruth Ballhaus: 29 Jahre alt. Seit vier Jahren in der Agentur. Eine unkomplizierte, gewissenhafte Mitarbeiterin mit einem Gespür für Organisation und Koordination. Trotzdem, seit einem halben Jahr steht sie auf verlorenem Posten und scheint mehr das Chaos zu verwalten, statt die Arbeit auf eine optimale Zeitlinie zu bringen.

„Sie wissen, daß sich kreative Arbeiten nicht auf Knopfdruck bestellen lassen", erläutert sie, „ manche Dinge verzögern sich, das ist normal. Doch in letzter Zeit haben sich die Pannen gehäuft und sicher ist, daß wir wegen versäumter Präsentationen bei Kunden wichtige Aufträge nicht an Land ziehen konnten. Und das, obwohl wir eigentlich gut vorgearbeitet haben. Das lag nicht an der Qualität unserer Arbeit, sondern daran, daß wir nicht pünktlich fertig geworden sind. Deshalb möchte ich einige Vorschläge machen, wie wir das umorganisieren..."

„Darf ich Sie unterbrechen, Frau Ballhaus?" fragt Walter Gernot.

„Ja, bitte...!"

„Vorschläge möchten wir gleich gemeinsam sammeln. Es freut mich, wenn Sie sich vorab Gedanken gemacht haben. Das zeigt, wie wichtig das Thema ist. – Aber ich möchte, daß wir später gemeinsam Ideen sammeln."

„Gut, einverstanden. Also nochmals zur Sache. Ich meine, daß die Verluste durch Terminversäumnisse recht groß werden können, wenn wir uns nicht überlegen, wie wir unsere Terminarbeiten in den Griff bekommen. Ziel ist es, daß wir alle versuchen, im großen und ganzen unsere Aufgaben pünktlich zu erfüllen. Klar, das eine oder andere kann mal einen Tag länger dauern. Hier ist niemand ein Automat, der auf Befehl funktioniert. Auf der anderen Seite arbeiten wir alle unter unseren Möglichkeiten, wenn allein aufgrund von Terminversäumnissen spannende Projekte verlorengehen. – Wir sollten versuchen, einen Mittelweg zu finden, der kreative Arbeit zuläßt und uns zugleich erlaubt, den Terminrahmen sinnvoll zu erfüllen."

Beifälliges Nicken.

Walter Gernot hat alle Kernaussagen von Frau Ballhaus an der Pinwand notiert. „Ich denke, die Fakten kennen wir nun alle", meint Walter Gernot, „dennoch möchte ich Sie fragen, ob Sie weitere Informationen benötigen."

„Um wieviele Tage haben sich Arbeiten verzögert?"

„Meistens um fünf Tage", erklärt Ruth Ballhaus, „dadurch haben sich wieder andere Arbeiten verzögert. Das kann sich unter dem Strich auf ein, zwei Wochen summieren."

Walter Gernot schreibt: „5 Tage Verzögerung summieren sich zu 2 Wochen".

„Und wie oft kommt das vor?"

„Na, ich schätze, daß wir in zwanzig Prozent der Fälle nicht pünktlich fertig werden."

Walter Gernot blickt sie erstaunt an. „Zwanzig Prozent? So viel?" und hält auch diese Aussage auf einer Karte fest.

Ruth Ballhaus versichert: „Bestimmt zwanzig Prozent."

„Teilen Sie alle die Ansicht?"

Etwas zerknirscht nicken die Teilnehmer. „Eher noch häufiger."

„Es sind allein organisatorische Probleme", meint Ruth Ballhaus, „ich gehe nicht davon aus, daß jemand nicht in der Lage ist, seine Aufgabe pünktlich zu erledigen."

„Okay! – Jetzt möchte ich Sie um eines noch bitten, Frau Ballhaus. Wie würden Sie das Problem in eine Frage formulieren, über die wir nachdenken werden?"

Ruth Ballhaus antwortet: „Was können wir tun, um unseren Zeitplan pünktlicher zu erfüllen?"

Walter Gernot fragt in die Runde: „Wollen wir diese Frage weiterbearbeiten?" Nachdem die Gruppe zugestimmt hat, verteilt er Kommunikationskarten und Marker an die Teilnehmer. „Ich möchte, daß Sie Vorschläge auf die Karten schreiben. So viele Ideen, wie Ihnen einfallen", bittet er die Teilnehmer, „notieren Sie je Karte bitte immer nur eine Idee in einem Kurzsatz oder als Stichwort. Schreiben Sie bitte lesbar. Wenn Sie den Marker mit Daumen und Zeigefinger in den Griffmulden fassen, können Sie mit der breiten Kante schreiben. Das gibt eine gut lesbare Schrift, wenn Sie so groß schreiben." Er heftet eine vorgefertigte Musterkarte an die Pinwand. Darauf steht, für alle deutlich lesbar: „Bitte so groß schreiben". Walter Gernot: „Die Karten werde ich dann einsammeln und mit Ihnen gemeinsam an der Pinwand ordnen."

<u>Ideen à la carte:</u> Ein simples Prinzip. Jeder Besprechungsteilnehmer erhält Moderationskarten, um seine Ideen zu notieren. Später sammelt der Moderator die Karten ein, präsentiert die Ideen der Gruppe und ordnet die Karten (im Einverständnis mit der Gruppe) an der Pinwand zu sinnvollen Themenkreisen. Karten sollten Sie nicht nur einsetzen, um Ideen und Vorschläge zusammenzutragen. Auch Meinungen, Kritik oder Gefühle können Sie per Karte erfragen. Kurz: Es geht um alles, was dem Teilnehmer zu einer Frage einfällt. Die **Kartenfrage** ist eine Universalmethode, Beiträge zu einem Thema einzuholen.

So weit, so gut. Aber weshalb per Karten schriftlich antworten, wenn dies doch auch im Gespräch ginge? Nun, die Sache ist die: Gelegentlich fühlen sich einzelne Teilnehmer gehemmt, auf Fragen vor der Gruppe zu antworten – besonders dann, wenn es um „unausgereifte"

Ideen, spontane Einfälle, persönliche Meinungen oder gar Gefühle geht. Kaum verwunderlich. In den meisten Besprechungen werden Antworten spontan kommentiert. Es reicht hin, daß der Nachbar über eine Idee den Kopf schüttelt. Schon droht Gefahr, daß der Teilnehmer seine nächste Wortmeldung für sich behält.

Moderatoren sehen in der Kartenfrage deshalb alles andere als Papierverschwendung. Dank dieser Technik beteiligen sich alle (schreibenden) Besprechungsgäste zugleich an der Diskussion. Auch im zeitökonomischen Sinn: Alle arbeiten zur gleichen Zeit. Im Gegensatz zur mündlichen Diskussion müssen sie mit ihren Beiträgen nicht abwarten, bis jemand anders ausgeredet hat oder sie „dran sind". Die Ideen fließen so lange, bis jedem Teilnehmer nichts mehr einfällt und die Ideenquelle vorerst erschöpft ist.

Genau das ist der zweite Vorteil der Kartenfrage. Sie nutzt effizient das Ideenpotential jedes einzelnen Gruppenmitglieds. Die Idee selbst zählt – und nicht die rhetorischen Winkelzüge einzelner. Ganz im Gegenteil: Karten zwingen „schwatzhafte" Teilnehmer, ihre Ideen kurz zu fassen und ohne schmückendes Beiwerk auf den Punkt zu bringen.

Die Kartenfrage bildet ein Herzstück der Zusammenarbeit in einer Gruppe. Anders als bei mündlichen Diskussionen trägt ein Beitrag nicht den Namen seines Urhebers. Sicherlich, an der Handschrift mag man den einen oder anderen Autoren erkennen. Doch spätestens, wenn ein Dutzend Karten an der Pinwand hängen, werden die Beiträge anonym. Und das ist auch Sinn und Zweck der Kartenfrage. Denn die Ideen und die später daraus abgeleiteten Ergebnisse sind das gemeinsame Produkt der Gruppe. Der einzelne Urheber der Idee tritt zurück. Wahren Sie also diese Anonymität wie ein Postgeheimnis! Selbst dann, wenn später um Erläuterung einer Karte gebeten wird, braucht sich der Autor dieser Karte nicht zu erkennen zu geben. Das weckt die spielerische Kreativität Ihrer Besprechungsgäste und nimmt ihnen die häufig unbegründete Angst, sich bloßzustellen.

Die Kartenflut eindämmen, aber nicht behindern: Möglicherweise sucht Sie eine Sintflut an Karten heim. Stellen Sie sich vor, Sie konfrontieren eine Gruppe von zwanzig Teilnehmern mit einem „Reizthema". Jeder schreibt zwischen zehn und fünfzehn Karten. Diese Kartenflut können Sie beim besten Willen nicht mehr eindämmen und in die richtigen Kanäle leiten. Selbst in solchen Situationen sollten Sie die Ideenfreude nicht durch die Zahl der verteilten Karten maßregeln. Erster „Damm" gegen die Kartenflut: Setzen Sie mit Ihrer Fragestellung Prioritäten. „Welche wichtigen Probleme sehen Sie?" Oder: „Welche wichtigen Vorschläge / ungewöhnlichen Ideen haben Sie?" Meistens begrenzt dann jeder einzelne automatisch seine Anworten und filtert Nebensächlichkeiten aus. Zweite Möglichkeit, die Kartenflut einzudämmen: Bei einer großen Gruppe (ab 12 Mitgliedern) können Teilnehmer zu zweit Ideen suchen und notieren.

Der Moderator – „Herr der Karten"? Keine Frage, als Moderator sind Sie auch bei der Kartenfrage an Spielregeln gebunden. Alle Karten – selbst die mit augenscheinlich abwegigen Vorschlägen – bleiben in der Diskussion. Bevor die Gruppe nicht über die Ideensammlung entscheidet, gibt es keine Bewertungen. Sie sind also verantwortlich dafür, daß tatsächlich alle Antworten berücksichtigt werden und eine Chance zur Diskussion bekommen. Auf gar keinen Fall darf der Moderator eine Vorauswahl treffen – selbst dann nicht, wenn die Karte aus der Feder eines Scherzboldes stammt. Sie als Moderator zeichnen nicht für die Meinungen und Ideen der Gruppe verantwortlich. Dazu eine Ausnahme: Karten, die andere Teilnehmer diffamieren oder Menschen, die nicht anwesend sind, kränken, sollten Sie entfernen. Erklären Sie der Gruppe auch, weshalb Sie diese Beiträge aus der Diskussion ziehen.

Sie werden einige Aussagen mehrfach finden, vielleicht nicht vom Wortlaut, sondern von der Idee her. Der eine Teilnehmer schreibt: „Honorar erhöhen". Ein anderer vermerkt: „Mehr Geld." Trotzdem sollten Sie beide Karten berücksichtigen. Erstens zeigt das nicht mehr und nicht weniger, als daß zwei Besprechungsgäste die gleiche Idee hatten (was die anderen wissen sollten). Zweitens: Entfernen Sie eine Karte, dann fühlt sich der Urheber dieser Karte möglicherweise übergangen und „geschnitten". Daraus können sich in der nachfolgenden Diskussion Grüppchen-Diskussionen auf Nebenschauplätzen ergeben. Störungen sind vorprogrammiert. Das Gespräch führen die Teilnehmer nicht mehr sachlich, sondern auf der Beziehungsebene. Übrigens: Was Sie nicht dürfen, ist den Autoren allerdings gestattet – nämlich die eigene Karte zurückzurufen und sie aus der Diskussion zu holen.

Moderationskarten und Filzstift: Einigen Menschen fällt es anfangs schwer, mit Filzstiften „groß" zu schreiben, groß genug, damit auch aus drei oder vier Metern Entfernung die Karte noch zu lesen ist. Maximal drei Zeilen sollten eine Moderationskarte füllen. Bitten Sie Ihre Besprechungsgruppe, Groß- und Kleinschrift zu verwenden (und nicht in Blockbuchstaben wie im Kreuzworträtsel zu arbeiten). Schwarzer oder dunkelblauer Filzstift, notfalls auch Wachskreide, ist auch aus einigen Metern Abstand noch lesbar.

Instinktiv werden viele Menschen die Spitze oder Ecke des Filzschreibers benutzen. Mit der breiteren Kante des Stiftes bekommt die Schrift allerdings mehr Struktur – gleichwohl dies vielen ungewöhnlich erscheint. Machen Sie mit Ihrer Gruppe notfalls einige Schreibübungen, bevor Sie erstmals die Kartenfrage durchführen.

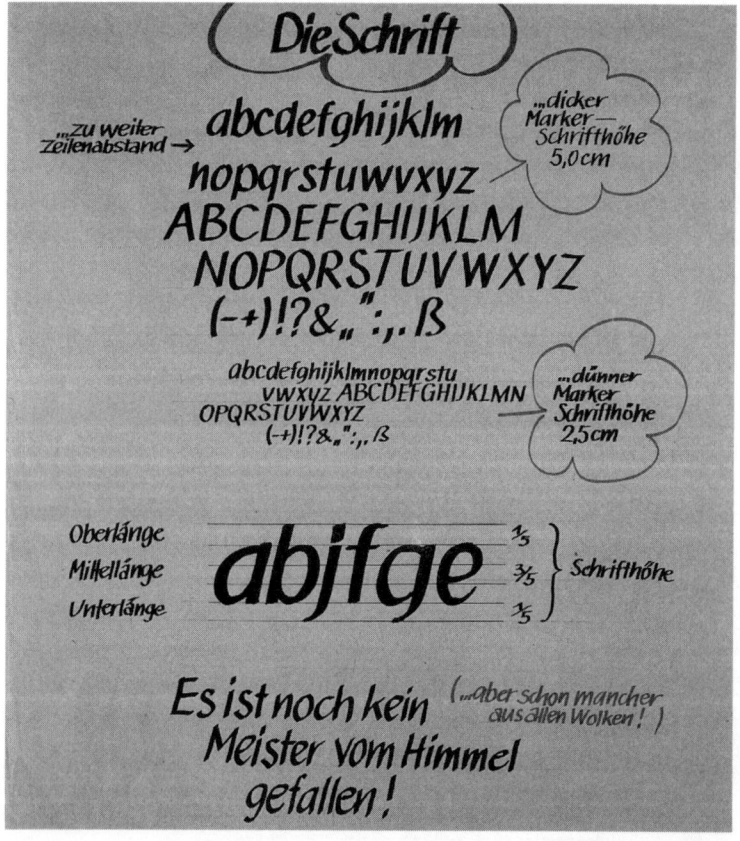

Alternative zur Kartenfrage: Sie brauchen nicht zu jeder Frage Karten zu verteilen und die Teilnehmer schreiben zu lassen. Mit der Technik der **Zuruffrage** gehen Sie einen anderen Weg: Sie stellen der Gruppe eine (natürlich offen formulierte) Frage, und die Teilnehmer rufen Ihnen Antworten zu. Diese notieren Sie auf Karten. Im übrigen gelten die Regeln der Kartenfrage: Alle Beiträge werden beachtet, nichts wird vorsortiert. Pro Karte nur ein Beitrag.

Welchen Vorteil haben Sie von der Zuruffrage? Anders als bei der anonymen Kartenfrage stimulieren sich die Teilnehmer gegenseitig. Der eine hört, was der andere vorschlägt – und entwickelt daraus eine eigene Idee. Angerissene Punkte werden weitergedacht, Brainstorming-Atmosphäre kann sich entwickeln. Erfahrene Moderatoren bearbeiten mit der Zuruffrage vor allem kreative Probleme. Nachteil: In der Regel wird die Ausbeute an Ideen nicht so groß wie bei der Kartenfrage sein. Und als Moderator kommen Sie möglicherweise nicht nach, alle hervorsprudelnden Ideen auf Moderationskarten festzuhalten. Ein unbeachtet gebliebener Beitrag kann bereits als Mißbilligung der Person empfunden werden und zu offenen oder versteckten Aggressionen führen. Faustregel: Je größer die Gruppe ist, desto größer ist auch die Gefahr, daß Beiträge bei Zuruffragen verlorengehen.

5. Aus Ideen Maßnahmen destillieren

Es ist weniger kompliziert, als er es zuvor erwartet hat: Walter Gernot hat sich in seine Rolle als Moderator eingefunden. Wie selbstverständlich hält er sich aus der Diskussion heraus und beobachtet fast neutral, wie seine Mitarbeiterschar allmählich beginnt, ihre Probleme selbst zu lösen. Gelassen und doch engagiert arbeitet das Team.

Zwei Wochen lang hat Walter Gernot gezweifelt, ob Moderation sich als Werkzeug für seine Besprechungen eignet. Moderierte Besprechungen, das hat er schnell erfaßt, setzen der Autorität des Vorgesetzten Grenzen, und ausgesprochenen „Macher-Typen" (ein Zug, den er oftmals an sich entdeckt hatte) mißbehagt dies besonders.

Nun, was zählt, sind die Ergebnisse. Auf halber Strecke seiner ersten moderierten Besprechung erkennt Walter Gernot, daß seine Mitarbeiter gut in der Lage sind, sich selbst zu managen. Sogar besser, als er gedacht hat. Sollte es der Gruppe gelingen, die gemeinsam gefaßten Beschlüsse umzusetzen – mit einem größeren Erfolg könnte er eine Besprechung kaum abschließen. Er? Eigentlich schließt die Gruppe die Besprechung ab. Gewissermaßen hat er ihr für weite Strecken des Meetings die Zügel in die Hand gegeben. Und doch, der „Wagen rollt in der Spur".

Walter Gernot beobachtet, wie seine Mitarbeiter ihre Ideen auf Moderationskarten schreiben. Eine Karte stapelt sich auf die andere, eine Idee kommt zur anderen. Michaela Lenz, die jüngste im Team, scheint die meisten

Karten zu schreiben. Er ertappt sich bei dem Wunsch, wie ein Oberlehrer während der Klassenarbeit durch das Konferenzzimmer zu gehen und jedem seiner Mitarbeiter über die Schulter zu schauen.

Oliver Hartenstein kaut am Bleistift. Jetzt steht Walter Gernot doch auf und bittet ihn, den Moderationsmarker zu benutzen. Er erinnert noch einmal alle an die bereits bekannte Regel: „Wenn wir gleich die Karten an die Pinwand heften, soll jeder Ihre Ideen sofort lesen können. Denken Sie daran, schreiben Sie bitte groß und deutlich."

Nach einer Viertelstunde legt einer nach dem anderen den Marker beiseite. Walter Gernot sammelt die Karten ein. „Ich möchte mit Ihnen die Karten jetzt an der Pinwand in eine Struktur bringen. Dazu hängen wir themenverwandte Aussagen zusammen. Die Frage ist, was wir tun können, um unseren Zeitplan pünktlich zu erfüllen." Die erste Karte: „Mehr Zeitreserven einplanen." Die zweite Karte: „Verzögerungen früher bekanntmachen." Walter Gernot hängt sie nebeneinander.

Die dritte Karte: „10 Prozent mehr Zeit einplanen als benötigt." Sabine Kopf empfiehlt, diese Karte der ersten zuzuordnen. „Beide Karten haben zum Inhalt, die Zeitreserven zu erhöhen, damit eventuell Zeit für Unvorhergesehenes übrigbleibt." Walter Gernot plaziert die Karten dicht beieinander.

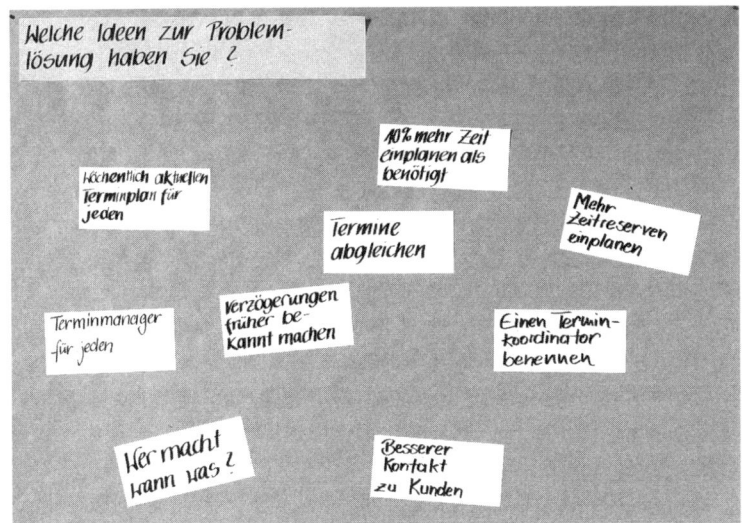

Schließlich hängen 34 Karten an der Wand: „Einen
Terminkoordinator benennen". „Wöchentlich aktuellen
Terminplan für jeden." – „Besserer Kontakt zu Kunden."
„Besserer Kontakt zu Kunden? Was soll das heißen?",
fragt Marcus Bernstein.
Ralf Schöner meldet sich: „Das war meine Idee. Wenn
wir nicht pünktlich fertig werden, sollten wir Kunden
über die Verzögerung frühzeitig informieren." Der Beitrag
auf einer anderen Karte: „Termin-Manager für jeden".
Walter Gernot fragt: „Wo soll diese Karte hin?" Die Gruppe ist sich uneinig. Ob jeder wöchentlich eine neue,
interne Terminübersicht erhält oder zum Jahresanfang
einen Kalender für das eigene Management von Projekten bekommt – das sind zwei verschiedene paar Schuhe.
Andere meinen, das bedeutet das gleiche. „Fragen wir
den Autor der Karte", meint Walter Gernot. Ruth Ballhaus
läßt ihre Idee der ersten Karte zuordnen.
„Wir haben die Karten gruppiert. Daraus leiten wir gleich
Vorschläge für Maßnahmen ab", schlägt Walter Gernot

vor. Ralf Schöner bittet um eine Raucherpause. Kollegiale Seitenhiebe: „Du rauchst doch gar nicht." „Wir haben eben vereinbart, daß wir unseren Qualmern die Pause anbieten", wendet er ein, „das sollten wir auch tun. Also los!"

Aus Beiträgen „Klumpen" bilden. Nachdem Sie Ideen gesammelt haben, werden Sie die Ideen übersichtlich ordnen (müssen). Lassen Sie die Karten von der Gruppe aufhängen, arbeiten Sie mit dem Material. Dann kristallisieren sich aus den Beiträgen Kerngedanken heraus, und es wird Ihnen hinterher nicht schwerfallen, aus diesen Kerngedanken Maßnahmen und Ergebnisse zu filtern. Versteht sich, daß Sie auch diese Schritte gemeinsam mit Ihrer Besprechungsrunde unternehmen.

Moderatoren ordnen die Karten zunächst nach „Klumpen", optisch sichtbaren Themenkreisen mit inhaltlich verwandten Beiträgen. Diese Klumpen sind das Rohmaterial für die Maßnahmen und Ergebnisse, die Sie später aus den Beiträgen ableiten. Wenn Sie beispielsweise eine Karte („Mehr Honorar") einer anderen Karte („leistungsgerechte Honorierung") zuordnen, bilden Sie einen solchen Klumpen an der Pinwand.

Klumpen sollten Sie immer gemeinsam mit der Gruppe entwerfen. Im Zweifelsfall gibt der Autor Auskunft darüber, ob seine Karte in einen Klumpen paßt oder ein neues Feld eröffnet. Hängen Sie die Karten, die Sie zu einem Klumpen zusammenfassen, in jedem Fall deutlich sichtbar zueinander. Bilden Sie tatsächlich „Klumpen" an der Pinwand.

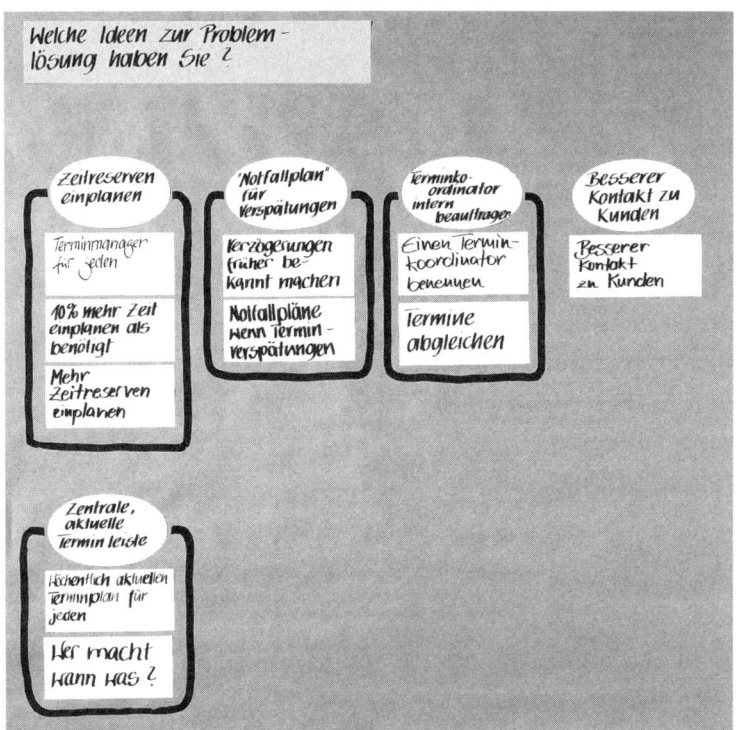

Auch hier gelten wieder die Regeln, die Sie bereits kennengelernt haben: Alle Aussagen werden eingeordnet, alle Aussagen werden angesprochen. Lassen Sie sich jeden Schritt von der Gruppe bestätigen oder fragen Sie offen, „wo eine Karte hingehört". Wenn Sie Oberbegriffe bilden, überlegen Sie sich genau, wie Sie einen Klumpen nennen wollen. Gefährlich ist es, einen Klumpen zu oberflächlich oder pauschal zu benennen. Differenzieren Sie, schöpfen Sie den Kerngedanken aus – und lassen Sie sich für den Oberbegriff das Einverständnis der Gruppe bestätigen.

Struktur in der Vielfalt. Die Karten an der Pinwand sind geordnet, die Struktur ihrer „Ideen-Ausbeute" wird sichtbar. Ideen hängen miteinander zusammen, Unterschiede werden deutlich. Bilden Sie nun die „Quintessenz" – am besten wieder mit einer Liste auf einer Extra-Pinwand. Erstellen Sie eine großflächige Tabelle auf Pinwandpapier. Erste (schmale) Spalte: „Nr.". Zweite (breite) Spalte: „Lösungsvorschläge". Dritte (schmale) Spalte: „Bewertung". Vierte (wiederum schmale) Spalte: „Rang". Fassen Sie die Karten eines Klumpens zu einem Lösungsvorschlag zusammen – und tragen Sie dann ein gut gewähltes Stichwort in diese Tabelle ein. Der Vorteil liegt auf der Hand: Die Lösungsvorschläge erscheinen jetzt „neutral" und lenken von den Karten ab. Die Liste, die Sie erstellen, ist ein Ergebnis der Gruppe. Es gehört allen – und nicht dem Autoren der einen oder anderen Karte.

Sie werden es vermutet haben: Ohne „Rücksprache" mit der Gruppe werden Sie auch diese Liste nicht erstellen können. Stimmen Sie mit Ihren Besprechungsgästen ab, unter welchem Stichwort Sie den Klumpen von der einen Pinwand in die Liste auf der anderen Pinwand übertragen sollen. Es steht Ihnen frei, Vorschläge zu machen – doch dann sollte die Gruppe Gelegenheit bekommen, den Vorschlag zu erwägen und „abzusegnen". Oder andere Vorschläge zu machen.

Jeder Schritt in der Moderation – besonders dieser kleine Schritt, Karten zusammenzufassen – bedarf der Zusammenarbeit der Gruppe. Der Moderator ist für das Ergebnis der Gruppe nicht verantwortlich. Aus diesem Grund hat die Visualisierung oberste Priorität. An Pinwänden kann jeder jeden einzelnen Schritt mitverfolgen und nachvollziehen. Einwände kann er sofort erheben. Das mag Ihnen als Besprechungsleiter umständlich erscheinen. Doch so haben Sie am Ende der Besprechung Ergebnisse in der Hand, die alle tragen und von denen alle wissen, auf welchem Wege (und mit welchen

Überlegungen) sie zustande gekommen sind. Die Informationen fließen ohne Reibungsverluste. Und die Chancen, daß eine Arbeitsgruppe gemeinsam gefaßte Beschlüsse auch umsetzt, stehen bemerkenswert hoch.

Walter Gernot hat die Lösungsvorschläge der Teilnehmer bereits in die Liste eingetragen. Acht Themen hat die Gruppe aus ihren Ideen zusammengefaßt:

Lösungsweg	Bewertung	Rang
Zeitreserven einplanen		
"Notfallplan" für Verspätungen		
Terminkoordinator intern beauftragen		
Besserer Kontakt zu Kunden		
Zentrale, aktuelle Terminleiste		

Lösungsweg	Bewertung Rang
Zeitreserven einplanen	
Zeitmanagement-Seminare	
Zentrale, aktuelle Terminleiste	
„Notfallplan" für Verspätungen	
Bessere interne Kommunikation	
Terminkoordinator intern beauftragen	
Freie Mitarbeiter einbinden	
„Prämien" für pünktliche Arbeiten	

„Haben Sie noch ergänzende Vorschläge anzufügen?"
fragt Walter Gernot. Der Ideenreichtum der Gruppe ist
zunächst erschöpft.

6. Wer macht was – und bis wann?"

„Was halten Sie von diesem Zwischenergebnis?"
Walter Gernots Besprechungsgäste nicken zufrieden. Sie haben soeben wieder mit Klebepunkten über die acht Lösungswege abgestimmt. Klarer Favorit: Die Gruppe hat beschlossen, eine zentrale Terminleiste auszuhängen, die regelmäßig aktualisiert wird. Außerdem: Sie möchte freie Mitarbeiter für „Engpässe" heranziehen, und sie möchte einen Notfallplan für Verspätungen erarbeiten.
„Ich denke, jetzt geht die Arbeit erst los", meint Oliver Hartenstein, „wir haben nur Stichworte. Daraus müssen in den nächsten Tagen konkrete Pläne werden und Aufgaben, die wir verteilen. Sonst nützt es nichts."
Walter Gernot nickt. „Ich möchte Sie bitten, genau das heute und hier zu erledigen. Wir bilden drei Arbeitsgruppen, die sich jeweils mit einem Thema beschäftigen. Jede Gruppe entwirft an einem eigenen FlipChart Maßnahmen und Aufgaben. In einer halben Stunde präsentiert jede Gruppe ihr Ergebnis. Dann werden wir die Aufgaben verteilen. – Eine Sache noch! Wenn Sie gleich am FlipChart arbeiten, bitte ich Sie, sich dabei auch über etwas anderes Gedanken zu machen: Jedesmal, wenn Sie eine mögliche Maßnahme oder Lösung notieren, machen Sie sich bitte auch Gedanken über Risiken Ihres Ansatzes. Das hilft uns, die Ideen später besser einzuschätzen."
Walter Gernot zeigt ein vorbereitetes Muster auf einem FlipChart. „Sehen Sie hier, zwei Spalten auf dem Papier: Links Ihre Lösungsvorschläge, rechts daneben eine Spalte mit potentiellen Problemen. Und notieren Sie Ihre

Beiträge bitte so, daß Sie am FlipChart nachher Ihre konkreten Maßnahmen der Gruppe präsentieren können." Gruppenarbeit und Besprechung schließen einander nicht aus. Nichts hindert Sie daran, für Detailarbeiten Ihre Besprechungsrunde in Gruppen von drei, vier oder fünf Mitarbeitern weiterarbeiten zu lassen. Mehrere Themen werden parallel bearbeitet und hinterher von der Kleingruppe im Plenum präsentiert.

Wie gehen Sie vor, um Arbeitsgruppen zu bilden? Teilen Sie Ihre Gruppe niemals willkürlich auf nach dem Prinzip: „Die Kollegen an der Fensterseite machen das Thema Einkaufsoptimierung, der Rest kümmert sich um die Vertriebsstrukturen." Lassen Sie die einzelnen Teilnehmer selbst entscheiden, welches Thema sie weiterverfolgen möchten. Geben Sie jedem Teilnehmer eine runde Karte. Darauf notiert er seinen Namen und hängt die Karte an der Pinwand zu dem aufgelisteten Thema, das ihn interessiert.

Dabei kann es vorkommen, daß ein Thema von nur einem einzelnen Teilnehmer gewählt wird. In Absprache mit diesem „Einzelgänger" werden Sie auch diesen Teilnehmer einer Gruppe anschließen können. Zumeist ist Ihre Intervention gar nicht nötig. Die betreffenden Teilnehmer sehen selbst, daß sie bei einem Thema auf verlorenem Posten stehen und werden sich spontan für eine andere Gruppe entscheiden.

Arbeitsgruppen sind auf sich selbst gestellt. Ohne Anleitung geht es aber nicht. Die Gruppe muß wissen, was sie zu tun hat. Bereiten Sie Pinwand- oder FlipChartlisten vor. Nehmen Sie Walter Gernots Liste („mögliche Maßnahmen" / „potentielle Risiken") als Muster. Ein anderer

Vorschlag: Teilen Sie das FlipChart-Papier in vier Felder.
Notieren Sie das Thema über dieser Liste (Beispiel:
„Thema: Schlechter Service"). Die vier Felder betiteln Sie
(beispielsweise) mit: „Mögliche Ursachen?" – „Mögliche
Lösungsansätze" – „Denkbare Widerstände?" – „Konkrete
Maßnahmen". Je verständlicher Sie das <u>Gruppenarbeits-</u>
<u>formular</u> gestalten, desto effizienter werden Ihre Teilneh-
mer arbeiten.

Geben Sie jeder Gruppe eigenes Arbeitsmaterial, also ein
FlipChart oder eine Pinwand mit den vorbereiteten For-

mularen. Und ermöglichen Sie es den einzelnen Gruppen, sich nicht gegenseitig zu stören. Jedes Team sollte seinen eigenen Bereich im Besprechungsraum haben. Notfalls können Sie eine Gruppe auch in ein Nachbarzimmer ausquartieren.

Nach einer halben Stunde trifft Walter Gernots Besprechungsgruppe wieder zusammen. Jede der drei Gruppen präsentiert ihre Ergebnisse.
Oliver Hartenstein macht am FlipChart den Anfang. „Wir haben uns über das Thema 'Zeitleiste' Gedanken gemacht und überlegt, wie wir die Idee umsetzen können. Also, folgende Ergebnisse:
Erstens: Wir hängen hier im Besprechungszimmer eine Magnettafel mit einem Jahresüberblick auf. Diese Magnettafel müßten wir natürlich sorgfältig auswählen. Jeder Mitarbeiter bekommt eine Zeile, auf der eingetragen wird, mit welcher Arbeit er sich wann beschäftigen wird. Anhand der Tafel können wir sofort sehen, ob die Termine beispielsweise zwischen Texter und Grafiker abgestimmt sind. Wir sehen sofort, ob eine Arbeit drei Tage lang unnötig herumliegt oder ob wir von den Terminen her Hand in Hand arbeiten.
Zweitens: Wir brauchen jemanden, der die Tafel ständig aktualisiert. Niemand darf eigenmächtig an die Tafel gehen. Er muß sich mit Terminverschiebungen an den Koordinator wenden, der dann die Termine auf der Tafel korrigiert und gegebenenfalls die neue Lage mit anderen Mitarbeitern abspricht. Nun, da gibt es ein Problem: Der Koordinator hat eine Menge abzustimmen und es kann sein, daß er deshalb von anderen Aufgaben abgezogen werden muß. Auf jeden Fall wird dies eine Herausforderung für unsere interne Kommunikation."

„Wer würde Terminkoordinator werden?" fragt Sabine Kopf.

Oliver Hartenstein schlägt vor, er könne die Aufgabe übernehmen. „Mir würde es Spaß machen und ich glaube, ich kann die Sache gut bewältigen. Oder komme ich Ihnen damit zu sehr ins Gehege, Frau Ballhaus? Sie sind eigentlich für die Koordination zuständig..."

Ruth Ballhaus freut sich, daß sie entlastet wird.

Walter Gernot notiert die Maßnahme „Zeitleiste erstellen" und setzt Oliver Hartenstein in die Namensspalte daneben. „Bis wann können Sie die Zeitleiste einrichten?" – „Ich denke, in vier Wochen bin ich soweit." Walter Gernot notiert in der dritten Spalte unter der Frage („Bis wann?"): „12. Mai."

Nr.	Tätigkeiten	Wer	mit Wem	bis wann	Bemerkungen	o.k.
1						
2						
3						

Tätigkeits-katalog

Auch die anderen beiden Gruppen haben konkrete Maßnahmen erarbeitet und potentielle Probleme erörtert. Jetzt werden Mitarbeiter mit Aufgaben betraut. Beispielsweise freie Mitarbeiter zu suchen, die Qualifikation der Freischaffenden zu prüfen und Aufgaben zu verteilen. Sabine Kopf erklärt sich bereit, künftig die freien Mitarbeiter als Ansprechpartnerin zu betreuen und den Kontakt zu halten. Peter Rudolphus wird eine Stellenanzeige für Fachmagazine entwerfen, den Text liefert Ralf Schöner.

Am Ende der Besprechung hat die Gruppe elf Maßnahmen, Einzelaufgaben und zugleich Termine für die Erledigung beschlossen. Walter Gernot hat die Ergebnisse in dem Maßnahmenkatalog festgehalten und verspricht, jedem einzelnen Teilnehmer ein Besprechungsprotokoll anzufertigen.

„Soll ich nicht besser das Protokoll schreiben?" fragt Ruth Ballhaus.

„Weshalb?" fragt Walter Gernot, „im Maßnahmenkatalog habe ich keine Aufgabe. Also kümmere ich mich wenigstens ums Protokoll."

Stühlerücken im Konferenzzimmer. Doch Walter Gernot hält seine Mitarbeiter noch für einen Moment zurück.

„Bevor Sie gehen, möchte ich einen letzten Punkt mit Ihnen besprechen." Und nach einer kurzen Pause erklärt er: „Ich möchte von Ihnen wissen, ob Sie mit der Besprechung zufrieden waren."

Auf einem FlipChart hat er eine These als Frage vorbereitet:

„Ich halte die heutige Besprechung für..."

++ | + | 0 | – | – –

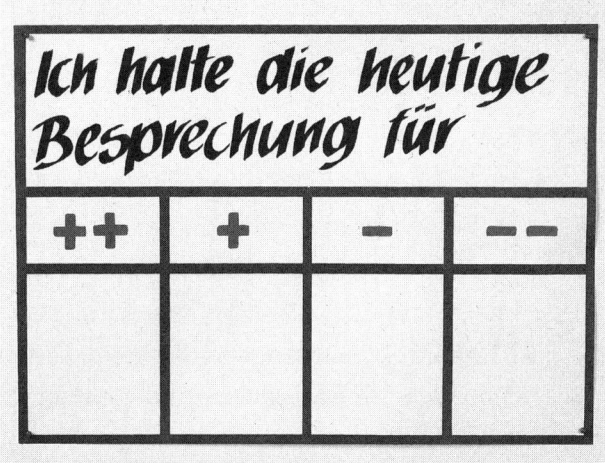

"Bitte nehmen Sie einen Klebepunkt und äußern Sie am FlipChart Ihre Meinung. Ihr Feedback ist mir wichtig."

Die meisten Teilnehmer haben das Konferenzzimmer bereits verlassen. Sabine Kopf bleibt noch einen Augenblick und hilft beim Aufräumen.
"Wie fanden Sie die Besprechung?" fragt sie Walter Gernot.
"Vielleicht ein neuer Weg, montags zu Ergebnissen zu kommen", meint er. Beide schauen auf das Feedback am FlipChart. Fast alle Mitarbeiter waren begeistert.
"Werden wir so weitermachen?"
"Ich denke, schon. Ja, ganz sicher. Damit ist allerdings einiger Aufwand verbunden. FlipCharts vorbereiten, Einladungen ausarbeiten und vieles mehr."
"Wenn Sie wollen, helfe ich Ihnen dabei", schlägt Sabine Kopf vor, "wir sollten damit weitermachen."
"Wenn Sie helfen möchten – okay! Am Mittwoch bereite ich die nächste Besprechung vor. Sagen Sie Oliver Hartenstein Bescheid, daß er Ihnen den Nachmittag auf der Zeitleiste freihält."

Zweite Zwischenbilanz

Ein Blick zurück: Sie haben die „moderierte Besprechung" Schritt für Schritt und mit grundlegenden Techniken kennengelernt. Sie wissen, wie Sie gemeinsam Spielregeln beschließen, wie Sie über die Tagesordnung beraten, wie Sie Themen auswählen, wie Sie Ideen sammeln
und ausarbeiten, wie Sie Besprechungsteilnehmern Aufgaben übertragen (oder vielmehr: wie Besprechungsteilnehmer selbst Aufgaben übernehmen) und wie Sie ein
Feedback einholen.

<u>Was bleibt zu tun?</u>
... Sie sind sich noch nicht sicher, ob Sie mit der Moderation Wein gegen Wasser tauschen. Wird die Moderation Besprechungsfehler vermeiden und Ihren Besprechungen zu mehr Effizienz verhelfen?
... Sie wissen noch nicht, wie Sie während einer Besprechung mit Konflikten umgehen können.
... Sie wissen noch nicht, wie Sie eine Besprechung vorbereiten.
... Sie möchten vielleicht die Moderation ausprobieren.
Was ist der erste Schritt? Die Einladung zu einer moderierten Besprechung. Hilfe folgt!

7. Wenn es blitzt und donnert – Konflikte meistern

Nicht jede Besprechung verläuft in harmonischen, beinahe friedvollen Bahnen. Lassen Sie sich von Konflikten nicht irritieren. Von Zeit zu Zeit prallen gegensätzliche Meinungen aufeinander, und auch zwei „verfeindete" Mitarbeiter können eine Besprechung erheblich aus dem Gleichgewicht bringen. Die Moderation soll Sie darin unterstützen, eine Besprechung effektiver zu leiten – was nicht heißt, daß Moderation ein Mittel ist, Konflikte zu umgehen.

Mit der Moderationsmethode verhindern Sie, daß schwelende Konflikte die Arbeitsatmosphäre stören. Sie packen Konflikte künftig sachlich und konstruktiv an, selbst jene schwer faßbaren Animositäten, die unter der Oberfläche gären und das Klima belasten. Während der Moderation darf nichts unter den Teppich gekehrt werden. Denn auch Konflikte sind Informationen. Übergehen Sie keine Kritik. Machen Sie Konflikte zum Thema, sorgen Sie auch bei Meinungsverschiedenheiten und Streit für Transparenz. – Subversive Störungen allerdings sollten Sie sofort abstellen. Das schreiben bereits die Spielregeln vor.

Ein Teilnehmer erklärt sich mit einem Beitrag partout nicht einverstanden. Was tun? Erinnern Sie sich: Jeder Beitrag „gilt". Nicht nur Ideen sind Beiträge, sondern auch Kritik, sogar ein geäußertes und nicht näher beschriebenes Unbehagen. Nichts wird gewertet, als Gefühlsduselei oder Meinungsmache abgetan. Daran führt kein Weg vorbei. Gehen Sie also den direkten Weg. Eine hilfreiche Technik: Möchte jemand an einem Beitrag

Kritik üben, geben Sie ihm einen Aufkleber mit einem stilisierten „Blitz", dem Konfliktpfeil. Fehlt Ihnen der Blitz-Aufkleber im Augenblick, zeichnen Sie mit einem Moderationsmarker ein Blitz-Symbol auf eine kleine runde Karte.

Der Teilnehmer bringt diesen Konfliktpfeil an der Karte an, die ihm nicht paßt. Damit drückt er aus: „Ich bin damit nicht einverstanden." Sie brauchen dann darüber nicht in aller Länge und Breite zu diskutieren. Zugleich muß sich der Teilnehmer nicht rechtfertigen. Seine Kritik ist zur Kenntnis genommen und festgehalten worden. Fertig.

Mitunter reicht der „Konfliktpfeil" nicht aus. Der Teilnehmer möchte seine Kritik erläutern und ein Statement abgeben. Auch dies sollten Sie ihm nicht verwehren. Geben Sie ihm eine Karte, auf der er (ähnlich wie bei der Kartenfrage) seine Kritik kurz und bündig notiert. Hängen Sie diese Karte mit dem Blitz-Symbol, dem Konfliktpfeil, an den betreffenden Beitrag. „Blitz und Donner", wie Moderatoren diese Form der Visualisierung von Kritik nennen. – Ähnlich, wie Sie Kritik visualisieren, können Sie natürlich auch Beifall und spontane Zustimmung kennzeichnen. Dafür gibt es einen runden Aufkleber mit einem Herz-Symbol.

Wie Sie Störungen beseitigen. Nicht nur Gruppenmitglieder können stören, indem sie ständig die Besprechung unterbrechen, sich nicht an die Spielregeln halten oder gar Macht ausüben und zu manipulieren versuchen. Auch offenstehende Türen, zu wenig Licht oder das Bedürfnis nach einer Pause beeinträchtigen das Besprechungsklima. Hier gilt die Spielregel: „Die Beseitigung von Störungen hat Vorrang." Jeder hat das Recht, für diese „Kleinigkeiten" eine Besprechung kurz zu unterbrechen. Denn diese „Kleinigkeiten" ärgern den einen oder anderen so sehr, daß er sich mehr mit der Störung als mit dem Thema beschäftigt. Er ist nicht konzentriert bei der Sache und am gemeinsamen Prozeß beteiligt.

Fordern Sie Ihre Teilnehmer auf: Sobald sich jemand gedanklich mit Belästigungen befaßt oder sich zu ärgern beginnt, darf er sich zu Wort melden und die Störung beseitigen. Macht jemand auf eine Störung aufmerksam, muß sich der Moderator darum kümmern. Sofort.

Klären Sie ab: Ist die Störung bereits damit beseitigt, daß Sie darauf ansprechen? Wenn ja, können Sie anschließend weitermachen? Damit stellen Sie kleineren Verdruß problemlos ab.

Bei massiveren Störungen sollten Sie nachhaken. Was erwartet der Teilnehmer vom Moderator oder anderen Teilnehmern? Akzeptiert dies die Gruppe? Wenn nicht, (wie) können Sie dem Teilnehmer entgegenkommen? Müssen Sie das Problem jetzt, in diesem Augenblick lösen – oder reicht es, wenn Sie sich später darum kümmern? Sollte die Gruppe dieses Problem überhaupt lösen – oder kann sie damit leben?

Wenn es in der Runde „kracht". Dann hilft Ihnen nichts anderes, als aus dem Konflikt ein eigenes Thema zu machen. Moderatoren nennen dies „Blitzlicht". Mit dieser Technik bewältigen Sie eine Konfliktsituation, die das Arbeitsklima nachhaltig belastet. Zudem haben Sie mit dem Blitzlicht ein Werkzeug an der Hand, das Sie als Moderator aus der Bredouille bringt.

Gehen Sie in zwei Schritten vor. Schritt eins: In einer kurzen Aussage schildert jedes Gruppenmitglied, wie es die augenblickliche Situation erlebt. Diese Statements sollen nicht nur, sie *müssen* subjektiv sein. Gerade diese Subjektivität trägt dazu bei, die Lage zu sondieren. Zweiter Schritt: Jeder Teilnehmer formuliert in einer ebenso knappen Aussage, was er sich jetzt wünscht oder was er vorschlägt.

Schwelt also ein Konflikt, sollten Sie mutig zur Blitzlicht-Technik greifen. Erinnern Sie die Gruppe zunächst an ihr gemeinsam formuliertes Ziel, an die Spielregeln und an die Mitverantwortung eines jeden dafür, daß Ziele erreicht und Spielregeln eingehalten werden. Erläutern Sie die Blitzlicht-Regel. Gehen Sie anschließend beide Schritte durch. In fast allen Fällen werden Sie eine Basis finden, auf der Sie das Problem lösen und die Störung beseitigen können.

„Nichts geht mehr!" Sie stecken fest mit Ihren Bemühungen, Konflikte zum Thema zu machen, Sie zu visualisieren und gemeinsam eine Lösung zu finden. Die Fronten haben sich verhärtet, die Positionen lassen sich nicht vereinbaren. Sie sind mit Ihrem Latein am Ende.

Das wird sehr, sehr selten passieren. Ausgeschlossen ist es allerdings nicht. Wenn Sie plötzlich allein stehen und die Gruppe nicht mehr mitmacht, sollten Sie sich fünf Fragen stellen:

Müssen Sie überhaupt etwas unternehmen? – Kann die Gruppe die Situation noch bewältigen? – Müssen Sie eingreifen? Können Sie überhaupt noch eingreifen? Dürfen Sie noch eingreifen? – Ist es jetzt Ihre Aufgabe, einzelne oder mehrere Teilnehmer einer Art „Therapie" zu unterziehen? – Benötigen Sie eine höhere Instanz, um die Lage zu klären?

Beantworten Sie sich aufrichtig diese Fragen und treffen Sie eine Entscheidung.

8. ... gegen landläufige Besprechungsfehler gefeit?

Moderierte Besprechung – eine Universalmethode?
Vielleicht keine Universalmethode. Doch die Moderation erlaubt Ihnen, viele Besprechungsfehler auszuschalten.

Die Teilnehmer schweifen vom Thema ab. Sicherlich, auch bei der moderierten Besprechung werden Sie auf den einen oder anderen unsinnigen, abschweifenden Gedanken stoßen. Allerdings: Die moderierte Besprechung bezieht von Anfang an alle Teilnehmer in den Prozeß mit ein. Sie erarbeiten gemeinsam die Ziele der Besprechung, legen gemeinsam Prioritäten fest und setzen sich mit den einzelnen Besprechungsschritten immer wieder Teilziele. Das zentriert die Aufmerksamkeit Ihrer Besprechungsgäste auf die Sache selbst.

Schlechte Vorbereitung. Auch ein weit verbreiteter Besprechungsfehler. Wie hilft die moderierte Besprechung? Bereits während der Besprechung erarbeitet sich die Gruppe Aufgaben, die bis zur nächsten Besprechung erledigt sein müssen. Fragen dazu können sofort geklärt werden. Die Prioritäten setzt die Gruppe gemeinsam.

Emotional und unsachlich geführte Besprechungen. Die moderierte Besprechung leugnet keinen Konflikt. Nichts wird unter den Teppich gekehrt. Konflikte – etwa gegensätzliche Meinungen oder negative Gefühle – wird die Gruppe sofort sachlich diskutieren, ehe einzelne Teilnehmer diese Konflikte mit gewetzten Messern unter sich austragen.

Profilierungssucht einzelner Teilnehmer. Kartenfragen erfolgen anonym. Der Teilnehmer bekommt keine Gelegenheit, sich mit seinen Beiträgen ins Rampenlicht zu stellen. Auch der Grundsatz, daß die Gruppe alle Beiträge zunächst gleichwertig behandelt, nimmt Profilierungssüchtigen den Wind aus den Segeln. Sie erkennen bald: Keine Chance, sich vor der Mannschaft aufzublasen. Und laut Spielregel wird sich der Vorgesetzte in die Gruppe einfügen – sofern ihm nicht als Moderator Neutralität auferlegt ist.

Zu frühe Wertung von Ideen. Genau das vermeidet die Technik der Moderation. Erst dann, wenn alle Beiträge gesammelt sind, befindet die Gruppe über Einzelbeiträge – und zwar so, daß der Urheber der Beiträge sich möglichst nicht gekränkt fühlt, wenn seine Idee „durchfällt".

Mangelnde Disziplin. Telefonate stören, Mitarbeiter kommen zu früh oder wollen die Besprechung vor ihrem Ende wieder verlassen. Die zuvor ausgehandelten Spielregeln setzen den Unsitten ein Ende. Vor allem das oberste Gebot, daß sich alle um die Einhaltung der Spielregeln bemühen, unterstützt die Disziplin während einer Besprechung.

Einsatz von Macht schließt der Moderationsprozeß prinzipiell aus. Die Visualisierung gestaltet den Prozeß transparent; jeder Versuch, zu bestimmen und zu manipulieren, würde sofort ins Bewußtsein aller dringen.

Umgang mit der Zeit. Zeitpläne kann die Gruppe schon während der Diskussion der Tagesordnung festlegen. Zu jedem gewählten Tagesordnungspunkt setzt sie dann die

Zeit fest, die man dem Thema zubilligt. Verbindlich für alle: Sich an Termine halten – bei der Vorbereitung der Besprechung, während des Meetings und hinterher, wenn Maßnahmen umgesetzt werden.

Keine Umsetzung der Beschlüsse. Außer Reden nichts gewesen – ein Fehler vieler Meetings. Die Chancen, daß nach einer moderierten Besprechung den Worten auch Taten folgen, stehen günstig. Erstens: Beschlüsse, die die Gruppe gemeinsam faßt, setzt sie in der Regel auch um. Zweitens: Rückfragen, die eine Umsetzung behindern könnten, werden noch während der Zusammenkunft geklärt. Drittens: Die Hintergründe und Prioritäten der Beschlüsse sind jedem klar. Jeder weiß, weshalb der Beschluß notwendig ist.

Fehlende und unklare Ziele der Besprechung. In einer moderierten Besprechung klären Sie zu Anfang alle Ziele ab. Die Teilnehmer werden einbezogen und strittige Fragen vorab geklärt.

Fehlende Visualisierung. Visualisierung ist ein Grundprinzip der Moderation.

Mangelnde Ergebnisorientierung. In achtzig Prozent der Besprechungszeit debattieren die Teilnehmer nach der „Das-geht-nicht-Strategie" darüber, was sich nicht machen läßt. Durch die Moderationsmethode gelingt es Ihnen, den Prozeß ergebnisorientiert zu führen. Die Gruppe legt einen Maßnahmenkatalog fest und ergänzt ihn während der Besprechung. Auch durch die Fragen werden Sie die Diskussion beflügeln: Sie fragen nach, welche Lösungsansätze Ihre Teilnehmer sehen – und nicht danach, welche sie nicht sehen. Damit geben Sie den Überlegungen einen Rahmen.

Abteilungsdenken. Kein Ausnahmefall: Stillschweigend arbeiten und reden die Vertreter verschiedener Abteilungen gegeneinander – statt miteinander. Die moderierte Besprechung gibt Ihnen Gelegenheit, Gesamtziele aller Abteilungen zu erarbeiten und das Abteilungsdenken zum Thema zu machen.

9. Rollenspiel – Sie als Moderator

Sie selbst können Ihre Besprechung moderieren. Sie müssen aber nicht moderieren. Auch ein Mitarbeiter kann die Gruppe leiten. Nirgends steht in Stein gemeißelt, daß beispielsweise ein Vorgesetzter (oder derjenige, der zur Besprechung eingeladen hat) das Meeting auch moderieren muß.

Dennoch wird in den meisten Fällen derjenige, der zu einer Besprechung einlädt, auch moderieren. Und das ist meistens der Vorgesetzte. Sie werden in Ihrer Einladung gewisse Themen vorgeben und der Gruppe bei der Mitgestaltung Freiraum geben. Wieviel Freiraum Sie geben, hängt von der Art des Meetings ab, von den Zielen und den Themen. Die Sache kann erzwingen, daß Sie die Mitgestaltung einschränken. Fragen Sie sich: Was kommt eigentlich auf die Teilnehmer einer Besprechung zu? Welche Aktivitäten erwarte ich von den Teilnehmern?

Wenn Ihre Besprechungsgäste nur Informationen während eines Vortrags oder einer Präsentation bekommen, werden Sie auf die Visualisierungstechniken der Moderation zurückgreifen und anschließend Rückfragen Ihrer Gäste klären. Möchten Sie aber Teilnehmer um Meinungen bitten (Kritik, Lob und Tadel), dann werden Sie mehr Möglichkeiten zur Moderation haben. Sie werden Ihre Mitarbeiter vielleicht nach ihren Erfahrungen fragen, um beispielsweise Probleme zu analysieren oder Ideen kritisch zu bewerten.

Der Moderator. Sie haben gelernt, was ein Moderator nicht darf: Einfluß auf die Beiträge der Gruppe nehmen, während des Meetings Entscheidungen im Alleingang fällen, Beiträge früh werten oder gar im Keim ersticken. Gut! Was nun ist Ihre Aufgabe?

Als Moderator erklären Sie die Abläufe und den Prozeß der Besprechung. Sie verdeutlichen der Gruppe: Jeder einzelne trägt die Verantwortung dafür, daß die Gruppe ihre Ziele erreicht. Jeder einzelne trägt Verantwortung für den reibungslosen Ablauf der Besprechung und trägt dafür Sorge, daß sich alle Teilnehmer wohlfühlen. Als Moderator nehmen Sie möglichst weit von dem Inhalt der Besprechung Abstand (für die Ergebnisse steht die Gruppe ein). Ihnen als Moderator geht es um die Prozesse, also nicht um das inhaltliche Was, sondern um das Wie. Sie motivieren die Gruppenmitglieder, ihre Verantwortung zu tragen.

Den Prototyp des neutralen Moderators gibt es nicht. Sofern Sie nicht als externer Moderator agieren, werden Sie von Anfang an in einer bestimmten Beziehung zu Ihrer Besprechungsgruppe stehen. Möglicherweise sind Sie – wie Walter Gernot – Vorgesetzter der Gruppe. In einem anderen Fall mag es sein, daß Sie Kollege unter Kollegen sind. Dann ist Ihr eigener Vorgesetzter Gruppenmitglied. Oder: Sie sind Spezialist unter Spezialisten, Sie sind Laie unter Spezialisten.

Wenn Sie Ihre Rolle als Moderator kritisch betrachten, dann werden Sie auf einige Probleme stoßen. Der moderierende Vorgesetzte wird sich selbstkritisch fragen, ob er nicht doch „irgendwie" seine Autorität ins Spiel bringt und die Gruppenprozesse inhaltlich beeinflußt. Als moderierender Mitarbeiter wird es Ihnen vielleicht schwerfallen, Ihren Chef zu ermahnen, sich an die Spielregeln zu halten. Als Spezialist werden Sie in Versuchung kommen, Ihr Fachwissen geltend zu machen und eine Gruppe von Laien in eine Richtung zu steuern, die Ihnen angenehm ist. Oder eine ganz andere Frage: Werden Sie akzeptieren können, daß die Gruppe Ihren sorgfältig ausgearbeiteten Besprechungsablauf in Frage stellt? Alles möglich.

<u>Besprechungsthema: „Moderation"</u>. So, wie Sie beispielsweise Konflikte zu einem Thema machen, können Sie auch Ihre Rolle als Moderator besprechen (es gibt wenig, was man nicht zum Thema einer moderierten Besprechung machen kann). Wenn Sie sich als Moderator unsicher fühlen, fragen Sie die Gruppe, wie Sie sich als Moderator verhalten sollen. Sie können sogar Spielregeln aus dieser Diskussion ableiten.

Ihre Rolle als Moderator sollten Sie bereits zu Beginn der Besprechung klären, vielleicht schon dann, wenn Sie die Spielregeln vereinbaren. Sie werden sehen, daß es gar nicht so schwierig ist, auf einen Teil Ihrer Autorität zu verzichten. Bitten Sie alle Beteiligten, Sie auf autoritäres Verhalten aufmerksam zu machen und es als Störung zu bemängeln. Das gilt auch dann, wenn Ihr Vorgesetzter Gruppenmitglied ist und versucht, aus dieser Position Einfluß zu nehmen. Ist seine Rolle von Anfang an geklärt, wird er ein für alle ansprechbares Mitglied.

Sind Sie als Moderator zugleich auch Spezialist für ein Thema, vereinbaren Sie: Ihre Fachkenntnis setzen Sie nur ein, wenn die Gruppe es zuläßt. Alles andere gilt als

Störung. Aber Vorsicht: Anders als „Macht" ist Fachautorität ein ausgeklügeltes Mittel, unterschwellig Einfluß zu nehmen. „Sachzwänge" (oder Umstände, die als Sachzwänge ausgegeben werden) können eine Moderation empfindlich stören. Mit Fachautorität sollten alle sehr vorsichtig umgehen.

Zu guter Letzt: Alle Moderatoren müssen akzeptieren können, daß ihr geplanter Besprechungsablauf nicht der Weisheit letzter Schluß ist. Grundsätzlich steht einer Planänderung nichts im Wege, wenn die Gruppe es wünscht. Verschweigen Sie den Teilnehmern nicht, daß Planänderungen möglich sind und allen Vorteile bringen können. Sie selbst sollten sich den Kerngedanken der Moderationstechnik zu eigen machen, daß Sie als Moderator nicht ständig Verantwortung für die Gruppe übernehmen und für das Meeting geradestehen müssen.

10. Startphase: Bereiten Sie Ihre moderierte Besprechung vor

Es ist soweit! Sie kennen jetzt die wichtigsten Techniken einer moderierten Besprechung. Vielleicht haben Sie sich entschlossen, die Technik bei einer guten Gelegenheit auszuprobieren – oder sogar künftig die allermeisten (oder alle?) Besprechungen zu moderieren.

Vielen fällt der Einstieg in die moderierte Besprechung schwer. Es ist wie mit dem Aufsagen eines Gedichtes: Es dauert, bis Ihnen die ersten beiden Zeilen eingefallen sind. Haben Sie sich dieser Zeilen allerdings erinnert, schnurren Sie das Gedicht herunter. Ist der Anfang gemacht, kommen Sie gut voran.

Fangen wir deshalb nochmals von vorne an. Wie können Sie einen Einstieg in die Moderation versuchen? Wenn Sie bereits bei der Planung und der Einladung alle Weichen auf „Moderation" stellen, werden Sie sich schnell in die neue Technik einfinden. Spielen wir die Vorbereitung Ihrer Besprechung nochmals so durch, daß Ihnen der Start leichtfällt.

Moment mal! Wie soll das gehen? Zum einen sollen Sie sorgfältig eine Besprechung planen. Zum anderen sollen Sie der Gruppe soviel Freiheit wie möglich lassen. Was denn nun: Vorbereitung oder spontane Arbeit während der Besprechung?

Auf diese Frage gibt es keine Patentantwort. Einige Eckdaten helfen Ihnen, den Rahmen abzustecken, in dem Sie agieren können. Zunächst einmal: Auf Ihrer Einladung werden Sie einige Besprechungsthemen ausweisen, die unbedingt auf den Tisch kommen müssen. Dafür können und sollten Sie planen.

Gewichtungen von Themen und Prozessen können Sie nur abschätzen. Sie haben Moderationstechniken an der Hand, die sich für einen bestimmten Einsatz als günstig erweisen. Die Kartenfrage ist ideal, um Ideen zu finden. Setzen Sie sie getrost ein, wenn sich während der Besprechung Bedarf zeigt – und sorgen Sie dafür, daß Sie sich für diesen Einsatz vorbereiten.

Also, einen gewissen Rahmen bei der Planung haben Sie. Dennoch: Wenn Sie eine Besprechung geplant haben, sollten Sie nicht akribisch an Ihrem Plan festhalten. Entschließt sich die Gruppe zu einem anderen Vorgehen, entwickelt sich die Diskussion anders als „geplant" – dann müssen Sie wohl oder übel Ihren Plan ändern.

Sie sitzen am Schreibtisch und wollen eine Besprechung vorbereiten. Was benötigen Sie? Themen. Fragen Sie sich: Welche Themen liegen von vornherein fest. Für welche Themen gibt es Sachzwänge? Welche Themen sind notwendig? Welche Themen hat Ihre Gruppe bereits bei der letzten Besprechung für heute festgelegt? Und: Wie können Sie feststehende Themen moderieren? Wie wollen Sie Spontan-Themen moderieren? Bei jedem Schritt Ihrer Planung sollten Sie sich nicht nur über den möglichen Inhalt Ihrer Besprechung Gedanken machen, sondern auch über das „Wie". Wie können Sie moderieren, visualisieren und den Entscheidungsprozess leiten? Welche Techniken (wie Punktfrage oder Zuruffrage) stehen Ihnen zur Verfügung und sind sinnvoll?

Jetzt haben Sie eine vorläufige Themenliste vorliegen. Greifen Sie dem Inhalt jetzt bitte nicht vor, doch überlegen Sie, was Sie für jedes Thema als Ziel für sinnvoll halten. Was soll am Ende stehen? Ein Maßnahmenkatalog? Die Information aller Teilnehmer? Ein Meinungsbild? Gehen Sie die Themen durch. Wo liegen die Schwerpunkte? Etwa darin, Probleme zu analysieren, Ideen zu finden, die Ideen auszuwählen und zu bewerten, über etwas zu entscheiden, Maßnahmen festzulegen? Versuchen Sie abzuschätzen: Hat eine Phase der Bearbeitung eines Problems besondere Bedeutung, oder sind alle Phasen gleichermaßen wichtig? Ist möglicherweise die Ideenfindung wichtiger als eine Entscheidung – oder ist beides gleichermaßen von Gewicht? Die Bedeutung dieser Schwerpunkte kann darüber entscheiden, welche Technik sie wählen. Planen Sie also von Anfang an den sinnvollen, individuellen Einsatz der Techniken. Durch diese Ökonomie werden Sie von der Moderation in vollem Umfang profitieren.

Denken Sie über die Teilnehmer nach. Welche Aufgaben haben die Teilnehmer in der Besprechung? Welche Erfahrungen oder Kenntnisse können Sie nutzen? Auf was müssen Sie Rücksicht nehmen? Mit diesen Erwägungen gewappnet, entwerfen Sie die Spielregeln. Spielregeln gibt sich die Gruppe selbst, das wissen Sie, aber es hat sich bewährt, Spielregeln bereitzustellen und vorzuschlagen.
Für die Spielregeln sollten Sie sich Zeit nehmen. Denken Sie darüber nach, welche Teilnehmer kommen, welche Einflüsse es durch Hierarchieunterschiede gibt, welche Erfahrungen Sie mit den Teilnehmern haben, welche Probleme auftreten können, wie Sie mit Konflikten umgehen

möchten und welche Kompetenzen oder welche Rolle Sie als Moderator haben. Vor allem: Wie möchten Sie die Spielregeln mit den Teilnehmern vereinbaren?

Jetzt steigen Sie in die Detailplanung ein. Welche Arbeitstechnik setzen Sie für jeden Schritt ein? Denken Sie auch an Material und Medien. Ist es günstiger, Pinwand oder Overhead-Projektor einzusetzen? Mit dem Overhead-Projektor informieren Sie Ihre Teilnehmer. Für die Interaktion sind Sie mit Pinwänden und FlipCharts besser beraten. Stellen Sie sicher, daß Sie auch über wichtige „Kleinteile" wie Filzschreiber, Karten, Pinwandnadeln und ähnliches verfügen – in ausreichender Zahl, versteht sich. Nichts ist peinlicher, als wenn beispielsweise der Ideenfluß versiegt, weil Sie keine Karten mehr zur Hand haben. An dieser Stelle können Sie bereits ein Konzept erstellen, wie Sie die einzelnen Phasen visualisieren möchten. Entwerfen Sie Listen, bereiten Sie Fragen und Spalten auf Pinwandpapier vor.

Zu guter Letzt: Welche Fragen möchten Sie Ihren Besprechungsteilnehmern stellen? Sie wissen: Eine gute Frage ist die halbe Antwort. Denken Sie an die offenen Fragen. Sie können auch mit einer vorbereiteten These eine „Frage" stellen: „Wie bewerten Sie die These: Jeder Mitarbeiter im Innendienst muß zwei Wochen lang im Außendienst arbeiten." Denken Sie daran: Fragen sollen zu Antworten stimulieren. Sie setzen denjenigen, der antwortet, in ein gewisses „Bild". Auf die Frage „Welche Schwierigkeit sehen Sie?" wird den Teilnehmern womöglich weniger einfallen als auf die Frage „Von welchem Problem sind Sie am Arbeitsplatz betroffen?". Im günstigsten Fall wird die Frage beim Teilnehmer persönliche

Betroffenheit auslösen. Es wird ihm ein Bedürfnis sein, sich Gedanken zu machen.

Los geht's! – Die Einladung. Bislang haben Sie die „moderierte Besprechung" im stillen Kämmerchen konzipiert. Laden Sie jetzt ein zu Ihrer Besprechung und setzen Sie schon in dieser Einladung deutliche Signale. Geben Sie jedem Teilnehmer genug Zeit, sich vorzubereiten. Bringen Sie die Einladung frühzeitig auf den Weg. Damit werden Sie bereits Punkte machen.

Memo-Zettel oder handschriftlich unterzeichneter Brief – beides kann als Einladung dienen. Eine gute Einladung aber enthält Informationen zu folgenden, rein „technischen" Punkten: Der Empfänger der Einladung ist genannt, und auch der Absender fehlt nicht. Es folgen: Ort, Datum und Zeit der Besprechung, der genaue Beginn und das Ende der Besprechung mit präziser Uhrzeit (besonders beim Ende sind Circa-Angaben kaum eine Planungsgrundlage für Ihre Teilnehmer). Eine gute Einladung nennt außerdem die Teilnehmer der Besprechung, bereits feststehende Themen mit den jeweiligen Zielen, die benötigten Unterlagen und die Aufgaben des Teilnehmers.

Nochmals zu dem Punkt „Aufgaben des Teilnehmers". Diese Angaben instruieren den Empfänger genau, wie er sich vorbereiten soll – und doch werden sie bei den meisten Einladungen stiefmütterlich behandelt. Häufig sind die Angaben nicht präzise genug. Schlimmstenfalls fehlen sie völlig.

Teilen Sie also jedem Teilnehmer für jedes Thema mit, ob eine Präsentation, „Fragestunde", Diskussion, Problemanalyse, Ideenfindung, Bewertung oder Entscheidung auf dem Programm steht. Dank dieser Angaben bereiten sich Teilnehmer besser vor und gehen mit konkreten Erwartungen in die Besprechung: „Ich werde mitentscheiden..."

Zugegeben, es kostet Zeit, eine Besprechung vorzubereiten – vielleicht mehr Zeit als gewohnt. Sie werden sehen, daß sich diese Zeitinvestition rentieren kann. Nämlich dann, wenn Ihre Besprechungen Erfolg haben, wenn Sie sehen, daß sich nach Besprechungen in Ihrem Team, in Ihrer Abteilung oder in Ihrem Unternehmen tatsächlich etwas bewegt. Sie werden feststellen, daß Ihre Mitarbeiter und auch Sie selbst nach einer Besprechung zufriedener an die Arbeit zurückkehren. Und daß die oft mißliebigen Zusammenkünfte im Konferenzzimmer wieder Freude machen.

Stichwortverzeichnis

	Seite/n
Arbeitsgruppe	57, 58ff.
Besprechungsfehler	6ff., 9ff., 20, 69ff.
Besprechungskultur	7, 10, 20
Besprechungsplan	39
Blitzlicht	67ff.
Detailplanung	80
Einladung	77ff., 81ff.
Einpunktfrage	31
Entscheidungshilfe	38
Feedback	62ff.
Fragen	30ff., 33ff., 42, 47
Gruppenarbeit	58ff.
Gruppenarbeitsformular	59
Kartenfrage	42ff., 70, 78
Klebepunkte	24ff., 31ff.
Klumpen, Clustern	52ff.
Konflikte	65ff.
Konfliktpfeil	66
Manipulationsgefahr	32ff.
Maßnahmenkatalog	37, 71
Mehrpunktfrage	31ff.
Moderator	18, 44, 49, 54, 73ff.
Oberbegriffe	53
Planung	77ff.
Präsentation	13, 18
Punktfragen	31ff.
Schrift	42ff.
Spielregeln	11, 25ff., 79ff.
Stimmungsbarometer	24ff.
	Seite/n

	Seite/n
Tätigkeitskatalog	61
Teilnehmerliste	28ff.
Themenliste	29ff., 38
Visualisierung	16, 54, 70, 71
Vorbereitung	37ff., 69, 77ff.
Zuruffrage	47

DER FILM

Auf anschauliche Weise wird im ersten Teil des Films
eine Besprechung im Comicstil gezeigt – uneffektiv, wirr,
unbefriedigend für alle Beteiligten. Im zweiten Teil zeigt
der Film eine moderierte Besprechung in logischen,
praktischen Schritten. Der Betrachter erlebt die Vorteile
einer Methode, die jede Besprechung bereichern und
verändern wird.

Die moderierte Besprechung

3. Auflage, 1998, VHS, 18 min. Laufzeit
(Im Lieferumfang enthalten ist ein Exemplar des Buches
„Besprechungen moderieren" von Michael Tosch.)
Art.-Nr. 64004
DM 224,00
ISBN 3-931403-02-5

DIE METHODE FÜR ERFOLGRE

„... Im Buch „Neuland-Moderation" von Michèle Neuland
findet sowohl der interessierte Laie, wie auch der/die
ausgebildete Pädagoge/in die komplexe Darstellung der
Dimensionen von holistischem Lehren, Lernen und Arbeiten. ... Die Philosophie mit Rollenverständnis, Grundlagen, Spielregeln und Wichtigem zur humanistischen
Pädagogik und ein detaillierter und differenzierter Überblick über die einzelnen Moderationstechniken bilden
den roten Faden in diesem Buch.
... Ich hatte beim Lesen viel Spaß und gehe mit einer
Fülle neuer Ideen in meine nächsten Seminare!"

(Pro-Zeit)

Michèle Neuland:
Neuland-Moderation

3. Aufl., 1999,
311 Seiten, gebunden,
Art.-Nr. 64120
DM 98,00
ISBN 3-931403-24-6

Das Video (2 x 40 min.) zeigt in didaktisch nachvollzieh-
baren Schritten die einzelnen Elemente der Neuland-
Moderation. Praktische Beispiele für die Vielfalt der
Anwendungsmöglichkeiten (wie Problemlösungs-, Lern-
prozesse, Besprechungen u.a.) runden den Film ab.
Das Begleitheft „Brevier der Neuland-Moderation" er-
läutert die einzelnen Begriffe zur Moderationsmethode.
Praktische Tips und die leichte Handhabbarkeit machen
das Brevier zu einem hilfreichen Nachschlagewerk.
Ein Film mit vielfältigen Einsatzmöglichkeiten: Vorberei-
tung für eine Moderation, in Trainingssituationen, als
Nachbereitung bzw. Auffrischung der Kenntnisse. Dieses
Video, in Kombination mit dem „Brevier der Neuland-
Moderation", ist unverzichtbar für Weiterbildner und alle,
die in und mit Gruppen arbeiten.

Michael Tosch,
Michèle Neuland,
Rudi Neuland:
Neuland-Moderation

3. Aufl., 1999, VHS
2 x 40 min. Laufzeit
inkl. Brevier
Art.-Nr. 64075
DM 398,00
ISBN 3-931403-29-7

Neuland-Moderation: Basis-Training

Wie beteilige und aktiviere ich betroffene Menschen – vom kurzen Meeting bis hin zu komplexen Veränderungsprozessen? In diesem Training erfahren und erwerben Sie die Grundlagen der Moderationsmethode.

Inhalte:

– Grundprinzipien und Hintergründe der Methode
– Elemente und Arbeitstechniken der Moderation (Gruppenfragetechniken, Punktfragen, Karten- und Zuruffragen, Problemlösungsszenarien, Spielregeln und Maßnahmenplan)
– Elemente und Techniken der Visualisierung
– Phasen moderierter Veranstaltungen
– Vorbereitung und Strukturierung einer Moderation
– Aufgaben, Rolle und Selbstverständnis des Moderators
– Anwendungsfelder der Neuland-Moderation
– Einsatz von Hilfsmitteln und Medien

Als Teilnehmer können Sie Themen, Aufgaben und Probleme aus Ihrer praktischen Arbeit mit Gruppen einbringen. Bereits im Training können Sie Lösungen erarbeiten und erproben.

Teilnehmerzahl begrenzt auf 12 Personen

Seminardauer: 3 Tage

Deutscher
Trainings-Preis
1997
in Silber

Training und Unternehmensentwicklung

Edelzeller Weg 34 · 36093 Künzell
Telefon (0661) 93414-0
Telefax (0661) 93414-20
www.neuland-partner.de

WIRKUNGSVOLL PRÄSENTIEREN

In Besprechungen, Trainings und Konferenzen stellt sich immer häufiger die Aufgabe, Ideen, Fakten oder Konzepte anderen wirkungsvoll zu präsentieren. Oftmals entscheidet der Erfolg einer Präsentation vor Kollegen oder Kunden über den weiteren Verlauf von Projekten oder die Akzeptanz und Umsetzung von Konzepten. Der Erfolg einer Präsentation basiert auf drei Säulen:

1. dem sicheren und teilnehmerorientierten Auftreten des Präsentierenden,

2. der sinnvollen Auswahl und Aufbereitung der Inhalte sowie

3. dem gekonnten Umgang mit gezielt eingesetzten Medien.

In diesem Seminar haben Sie Gelegenheit, intensiv an Ihren Präsentationsfähigkeiten zu arbeiten. Nutzen Sie auch die Gelegenheit, eigene Präsentationsprojekte ins Seminar einzubringen und zu optimieren.

INHALTE:

Persönliche Wirkung des Präsentierenden
- Persönliche Vorbereitung
- Umgang mit Nervosität
- Stehen vor der Gruppe, Körperhaltung, Ausstrahlung

Vorbereitung, Organisation und Durchführung der Präsentation
- Typische Phasen einer Präsentation
- Design und Vorbereitung von Präsentationen
- Effektiver Transport der Inhalte
- Aktivierung und Einbeziehung der Teilnehmer
- Umgang mit Diskussionsbeiträgen, Fragen, Einwänden und persönlichen Störungen
- Äußerer Rahmen (Raum, Sitzordnung)

Einsatz von Präsentationsmedien
- Vor- und Nachteile, Einsatzgebiete und Handhabung einzelner Präsentations-Medien
- Improvisationsmöglichkeiten

Teilnehmerzahl begrenzt auf 12 Personen

Seminardauer: 3 Tage

Für Ihre Notizen:

Für Ihre Notizen:

Für Ihre Notizen: